JN058585

# 変動する社会と生活

宮本和彦 編著

柳澤孝主

菊池真弓

幡山久美子

古市太郎

高木竜輔

八千代出版

# 執筆者一覧

**宮本　和彦**　　文京学院大学人間学部教授
　　　第2章、第6章、第11章

**柳澤　孝主**　　東京保健医療専門職大学リハビリテーション学部教授
　　　第1章、第9章

**菊池　真弓**　　日本大学文理学部教授
　　　第3章

**幡山久美子**　　文教大学人間科学部非常勤講師
　　　第4章、第7章、第8章

**古市　太郎**　　文京学院大学人間学部准教授
　　　第5章

**高木　竜輔**　　尚絅学院大学総合人間科学系社会部門准教授
　　　第10章

# はじめに

　私たちはグローバル化の進展、格差の拡大、少子高齢人口減少社会の進展といった大きな変動の中に身を置きながらも、日々の生活では、自分の身のまわりで生起している様々な出来事との関連の中で生活している。

　本書では、自分の身のまわりで起きている出来事と、世界や日本全体、あるいは労働領域や家族や地域社会といったより大きな社会的領域において生じている変動とを関連づけながら、そこで生起している問題や発生が危惧されている問題を社会学的視点から捉え、その解決の糸口を模索することが、その狙いである。

　本書は 11 章からなり、各章の内容は以下のようである。

　「第 1 章　人間の社会性」では、人間の誕生、成長、死というプロセスを取り上げ、人間が徹頭徹尾、社会的存在であることを明らかにしている。

　「第 2 章　社会の変化と生活」では、わが国の戦後の社会状況の変化、特に労働領域と家族の変化に焦点をあて、それらを生活保障と関連づけながら、その課題を明確化している。

　「第 3 章　家族の多様化」では、家族概念の変遷や家族形態の変化を追いながら、多様な家族の現状と課題についての分析と考察を行っている。

　「第 4 章　人口構成の変容」では、少子高齢人口減少社会の進展と、その地域的な変容を追いながら、人口減少社会への対策について論じている。

　「第 5 章　地域社会の変容とコミュニティの形成」では、地域社会の変容に伴う、コミュニティ形成の経緯と過程について論じている。

　「第 6 章　格差社会と貧困」では、グローバル化に伴う格差の拡大の進展を追いつつ、貧困問題を取り上げ、階層構造の固定化と貧困の世代間連鎖について論じている。

　「第 7 章　社会問題と社会的孤立」では、自殺、DV、児童虐待を取り上げ、それらの社会問題化の背景としての社会的孤立について論じている。

　「第 8 章　医療の格差と高度化」では、高齢化社会の進展と医療の高度化

に伴う医療格差の問題を取り上げ、それらを医療サービス受給者の視点から検討している。

「第9章 社会福祉と生活」では、生活と社会福祉との関連性を明確化する中で、現実の社会・生活問題を社会福祉的な視点から検討している。

「第10章 環境とリスク」では、自然災害、異常気象問題、原発問題を取り上げ、環境とリスクとの関係を明確化しつつ、災害リスクに備えるための社会の在り方について論じている。

「第11章 共生社会の構築へ向けて」では、ノーマライゼーション、ソーシャル・インクルージョン、シチズンシップの理念と実践のプロセスを検討しながら、共生社会の構築に向けての課題を明確化している。

以上が主な内容であるが、本書が、自分が生きて生活している社会をより全体的に把握し、将来の社会の在り方を考える契機となれば幸いである。


編著者　宮本和彦

# 目　　次

# 第1章　人間の社会性

　「人間は社会的な存在である」。言葉のニュアンス、発せられる時の状況の違いによって、その意味するところの違いはあるかもしれない。それでも、形は違っても、よく耳にする言葉である。何かを試みようにも、その社会的制約が大きく立ちはだかり、諦めざるをえない時。否定的な意味で語られる場合である。対照的に、自分の力ではどうしようもできないくらい困っている時、思いがけない人から協力を得られた、そんな場合。社会的な存在であるからこそ救われる場合もあるということである。思い知らされる時、痛感する時、感謝の念でいっぱいになる時、形は違っても、自分は一人ではないのだと改めて実感する時があることは、多くの人が認めるところではないだろうか。また、日頃は気づいていないこと、あるいは気づけずにいること、さらには、あまりにも身近なことすぎてかえって発見できないことも含めて、前意識的に、あるいは無意識的に、社会的な関わりの真只中にいる時もあるだろう。筆者は、これらのことを含めて、人間は徹頭徹尾社会的な存在の中に投げ出されていると考えている。この章では、人間の出生（誕生）、他者との関わり・成長、終焉（死）というプロセスを軸に、いくつかの事象を取り上げながら、人間の社会性の在り方を検討していく。

## 第1節　いのちの社会性

　人間がこの世に生を受けることを誕生という。この世に生を受ける、ということを厳密に定義することは難しいが、母親の体内から生まれ出ずることを通常は、出生あるいは誕生と呼んでいる。人間は一個の生物あるいは生命体として生まれてくるわけで、その意味では個として生まれてくる。しかしながら、一個の生命体として生まれてきた人間も、そのままでは既存の社会

の中で生きる社会的存在としては認められない。一定の手続きが必要なのである。親やそれに代わる人物から命名され、出生証明書を添えた出生届を提出する（図1-1）、といった社会的手続きを経る必要がある。その意味では、人間は出生とともに社会性を帯びた存在として生きていくわけである。そもそも、一人の人間が社会性を帯びた存在として生きていくうえでの前提として、ゆくゆくは母となる存在の女性と父となる男性との社会的結合、つまりは出会いがなければならないのはいうまでもない。その意味では、一人の人間は生まれてくる前からすでに社会的存在であるということが可能かもしれない。

　さて、人間の誕生にまつわる社会的手続きに関することはこのくらいにして、読者は、オオカミ少年やオオカミ少女の話を聞いたことはあるだろうか。筆者が小学生の頃、オオカミ少年を主人公にした人気アニメ番組に夢中になっていたことを思い出す。まさか実在する人物をモデルにしているとは夢にも思わなかった。インドのジャングルで発見されたアマラとカマラ（シング1977）、フランス郊外で発見されたアヴェロンの野生児（イタール 1975）の話もある。いずれも幼少期に何らかの形で親やそれに代わる存在から離れてしまい、いわゆる人間らしさが備わらなかった具体例といって差し支えないのではないだろうか。この"人間らしさ"は、人間の社会性のうえに構築されるものであるというのが、この章を通してのテーマとなる。アマラとカマラ、アヴェロンの野生児、いずれも発見された当時は、人間の言葉を発しなかったという。当然といえば当然である。誰も言葉を教えてくれる人が周囲にいなかったのだから。

　言葉を、少なくとも"話す"ことはなぜ可能になるのだろうか。日本というこの国に生まれ育つと、通常これといった努力も要せずに、日本語を話せるようになる。もちろん、障害やある種の疾患を背負うことによる例外はある。フランス語でも英語でもない、他ならぬ日本語が話せるようになるのはなぜなのか。その生まれ育った子どもの周囲には、両親あるいはその代替的存在、兄弟や姉妹、さらには近隣の人々がおり、これら日本語を話す数々の人々の間に生まれ育ち、そして成長したからこそ、意識的な努力をすること

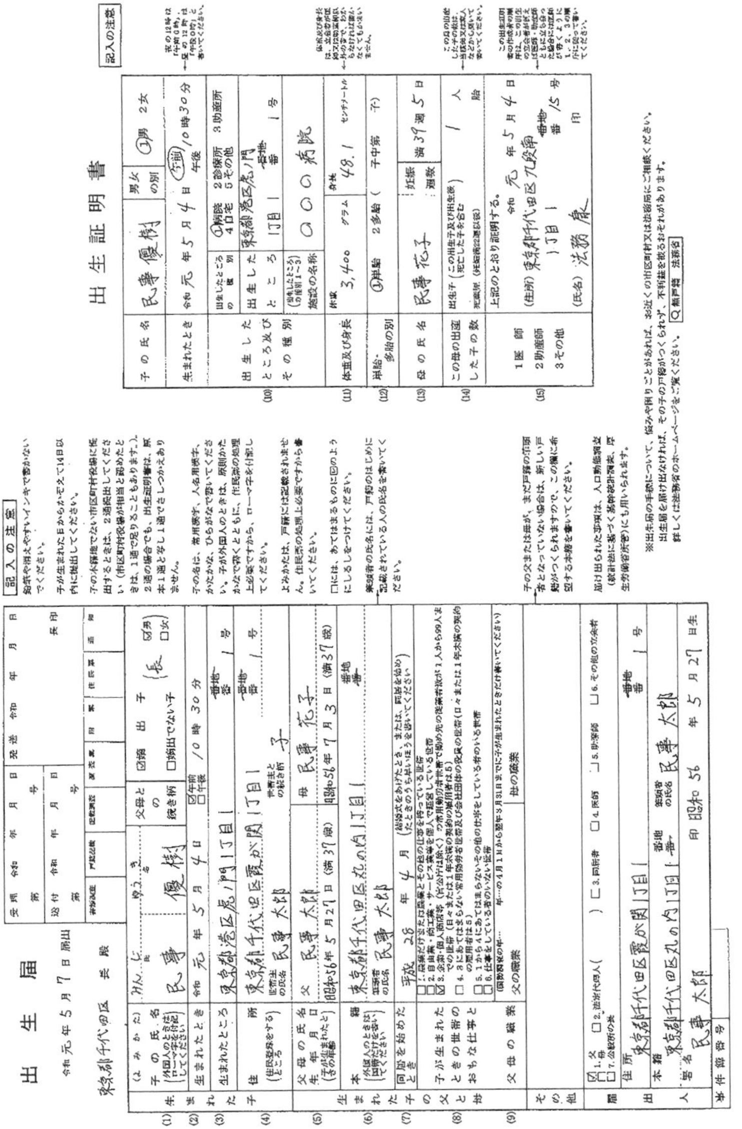

図1-1　出生届・出生証明書

出所）法務省 HP
http://www.moj.go.jp/content/001295267.pdf

もなく、自然のうちに日本語を話せるようになるのではないだろうか。言葉を話すという行為は、人間が人間たる理由の大きな拠り所の一つであるといわれている。先に指摘した"人間らしさ"の有力なものの一つであるといってもよいのではないだろうか。言葉を話せるようになるためには、その言葉を話す周囲の人々との緊密かつ相互的な、つまりは社会的な人間関係が欠かせないはずである。

　それでは、この社会的な人間関係が成立する要件は何なのだろうか。見方、考え方、感じ方等によって様々な捉え方はできるだろう。ここでは、人間が身体的存在であるという事実を考えてみることにしよう。

　一個の生物・生命体として生まれてくるという事実は、もちろん人間にとって欠かせないところである。この生物・生命体としての大きな拠り所は、数々の遺伝子や細胞、骨格、筋肉、臓器といったものが有機的に絡み合って形成する身体・肉体にあることは間違いない。しかしながら、私たちが日常を生きているこのからだ・身体は、生物・生命体の拠り所としての身体・肉体に尽きるものではない。「あなたの今の心境が身に染みてよくわかる」わかり方や「相手の身になって考える」思考法は、文字通り、私の"身"が重要なポイントを占めるわけだが、ここでいう"身"は、生物・生命体としての身体・肉体と同一のものではない。ここでこれらの違いを逐一数え上げることは本旨ではない。私たちが日常生きるからだ・身（体）は、われわれが社会的な人間関係を形成する要件であるとともに、言葉との密接な、切っても切れない関係にあることを示しておきたい。具体例を示しておこう。

　独特の演劇論で有名な竹内敏晴の示した例に目を向けてみる（竹内 1975：158-166）。

　竹内はその著書『ことばが劈かれるとき』において、猫背の女子学生と"吐く"少年の例を紹介している。猫背の女子学生とは、他の人にいつもいい人でありたい、いい顔をしていたい、と日頃から建前上は振る舞っている。ところが、本音のところではそんな自分自身が嫌いで、本当は他の人に向かってイヤだといいたいことも、逃げ出してしまいたいことも多々あるが、なかなかできない。この女子学生の相談に応じた竹内が、竹内自身のからだ・身

体で女子学生のからだ・身体を模してみる。いい顔をしておきたいフロント
としての顔を前面において、本当はそんないい顔をしている自分が嫌いで、
本音では逃げ出したいと思っている、首から下のからだの部分は後ろに退い
ている。結果として猫背になっている。"吐く"少年とは、両親の正義感を
含んだ押しつけがましい態度・姿勢を受け入れられないでいるが、それを言
葉に出していえず、"吐く"というからだの表現を通して表面化している。
仲良しの友達の家で食事をごちそうになる時は、"吐く"行為は一切みられず、
両親と同居する家に帰ると食べ物を受け入れられず吐いてしまう。猫背の女
子学生はからだそのものの在り方で、"吐く"少年はからだを通した行為で、
それぞれが他者へ向けて言語化できないものを、からだの表現を通して他者
に伝えている。むしろ、それぞれのからだで表さざるをえない、といった方
が適切なのかもしれない。

　われわれの言葉とからだの密接な関係は、こうした事例からも明らかであ
る。われわれは、生物・生命体としての身体・肉体とは異なる、文化的・社
会的脈絡の中で展開させるこのからだ・身を母体にして言葉を得、他者との
関係を進展させていく。言葉を習得した年齢に達した後も、様々な事情によ
って言語化しにくい事態においては、からだ・身の表現に後戻りする場合も
ある。通常の言語の習得プロセスは、生物・生命体としての身体・肉体を出
発点にして、文化的・社会的脈絡を帯びたからだ・身を通して、言葉を話す
ようになるということだろう。言葉を話せるようになる以前の乳幼児が、そ
の喜怒哀楽等の感情表現を、特に苦痛を"泣く"というからだの表現・行為
によって表すことはよく知られた事実である。自分の気持ちを適切に言語化
できない子どもが、好意を抱いている異性の子に、意地悪や場合によっては
暴力という行為を通して表現することもよく知られている。

　こうしたからだ・身を通した表現は、哲学者メルロ＝ポンティや心理学者
ヴァロンのいう"癒合的社会性"（sociabilité syncrétique）（メルロ＝ポンティ
2005：170-186）や"身に帯びた社会性"（メルロ＝ポンティ 1974：231）を基底に
していることは確かだろう。

　発達心理学者の報告する共鳴動作（coaction）（岡本・浜田 1995：185-188）は、

生まれて数日の乳児が、つまりまだ十分視覚を発達させていない乳児が、親の繰り返し行う口をもごもごさせる行為に対して、やがては自らも口をもごもごさせることを返してくる、というものである。これはどちらかといえば、生物・生命体としての人間の身体・肉体に当初から備わった特性に近い、といわざるをえないかもしれない。ここから、先に指摘した"癒合的社会性"を通して、文化的・社会的な次元のからだ・身を展開させていく中で、言葉を話すという行為につながっていく道筋が表れてくるのだろう。近年心理学において注目されている社会的参照（social reference）（岡本・浜田 1995：191-192）という現象も、この道筋に密接に関連している。社会的参照とは、共鳴動作を示す乳児よりも比較的後に表れる社会的行動である。この頃の乳幼児（1歳頃）は、初めて手にするもの、触れ合う動物、得体の知れない事象等々に対して、特に親の表情を窺いながら、自分はどうしたらよいかを決める。自分のとるべき道を、自分にとって重要な他者に問い合わせる行為といってもよいだろう。こういった他者への問い合わせ行為は、大人になれば消失してしまうというわけではない。最近の流行言葉を借りれば、いわゆる"空気を読む"行為に匹敵するものである。確信や自信の持てない行為に際してや、不安な状況にいる時は、他者の様子を窺いながら次の自分の行為へと結びつけることは、頻繁にとはいわないまでも、よく見かけられる。初めて接する事態の多い乳幼児にとっては、親の表情を介しての社会的参照という行為は、より頻繁に見かけられることである。経験を積み重ねた大人は、社会的参照といった行為とともに、言葉による確認行為も多くなる。言葉はコミュニケーションの重要な要素であることは間違いない。が、それ以前に、生物・生命体に備わった共鳴動作や、より文化的・社会的要素の強くなった社会的参照は、身体全体の他者へと志向する社会性が母体となっており、そのようにして学習した行為がやがては言葉の習得へと結びつき、より一層の言葉によるコミュニケーションの促進へとつながるのである。

## 第2節　人間存在の社会性

　コミュニケーションは、人間にとって欠かせないほど重要な社会的行為で

ある。筆者が最近耳にしたエピソードをここで紹介しておこう。

　小中学校の同窓会を始めてから、かれこれ40年ほどの月日が流れた。4年ごとの閏年に開催することになっているが、前回は初めて一泊の同窓会を行うことになって、筆者も喜んで参加した。当日は久しぶりに会う親友との思い出話、小中学校当時はほとんど話す機会のなかった人との語らい、充実感いっぱいで帰宅の途に就いたことを鮮明に覚えている。帰宅してからもその喜びと充実感が冷めやらず、幼馴染のある女性にメールを送った。いろんな友と話していたようだけど、とても楽しそうだったね、といった趣旨のメールである。その返信の内容が印象深かった。「いろんな人といろんな話をそれこそおなか一杯になるくらい話して、とてもうれしかった。でも不思議ね、その内容はほとんど覚えてないの」。なるほど考えてみれば、筆者自身も充実感いっぱいで帰ってきたものの、その話の内容となるとほとんど覚えていない。でも充実感でいっぱいという事実。話の内容などどうでもよい状態といった方が適切かもしれない。それでも4年に一度のこの同窓会に出席することは、多少大袈裟に聞こえるかもしれないが、筆者にとって生きがいに近いものとさえ感じている。ざっと、こんな体験である。

　コミュニケーションについて考えるにあたって、なぜこんな筆者の私的体験を紹介したかというと、ここに社会学等で紹介されているコミュニケーション理論であまり触れられていない現実があるように思ったからである。

　社会学におけるコミュニケーション研究は大雑把にいうと大きく2つの流れがある。一つはパーソナルな人間間におけるコミュニケーション研究。そしてもう一つは、いわゆるマス・コミュニケーション研究。どちらかというと、後者のマス・コミュニケーション研究が社会学においては主流を占めてきた感がある。どちらにおいても、コミュニケーションの定義は、意思の疎通、情報の伝達等の側面を強調したものが圧倒的に多い。ここには暗に、意思の疎通や情報の伝達を図るための手段としてのコミュニケーションの側面が含意されている。意思の疎通、情報の伝達、それぞれの質的・量的側面にどの程度貢献しているかの違いは、様々な社会学研究によって異なるものの、コミュニケーションという行為を目的のための手段として捉えているという

共通点は不動のものとして動かないのではないだろうか。

　大学生に時々、コミュニケーションというのは君たちにとって何なのか、あるいはその意味をどう捉えているのか、といった趣旨の質問を日常会話の中で聞いてみても、「情報収集にとって欠かせない」、「相手を理解するために必要」といった類いの応答となる場合が圧倒的に多い。それが決して間違っているとは思っていないものの、いつもコミュニケーションはそれだけなのだろうか、という疑問が残ってしまうのである。社会学の用語でいえば、手段的行為（instrumental action）（奥井 2014：49）としてのコミュニケーションの側面が強調されることが圧倒的に多いのではないだろうか。

　これに対して、先に紹介した筆者の同窓会でのエピソードは、少なくとも筆者と幼馴染の女性は完結的行為（consummatory action）（奥井 2014：49）としてのコミュニケーションの具体的体験を経ている。コミュニケーションには、この完結的行為としての側面と手段的行為の側面があることは事実であるし、それを否定するつもりは毛頭ない。情報の質と量、日常会話における話の内容、これらを効果的にあるいは正確に得たり相手を理解するためにはコミュニケーションをどのように工夫することが大切か、こういった問いは、情報社会あるいは親密な人間関係においては本質的に重要な課題につながるものである。その意味で、社会学という学問の世界においても、あるいは学生の日常生活においても、コミュニケーションを手段的行為として理解することは重要である。

　にもかかわらず、「人間は社会的な存在である」という命題において、コミュニケーションの問題をみていく場合は、その完結的行為、あるいは自己充足的行為、もしくは自己目的的行為の側面が、より重要に思えてくる。人間は、おしゃべりをすることを通して、あるいは自分の気持ちを確実に聞いてくれる人に伝えていくその行為そのものの中に、喜びや意味を見出し、明日への活力や、多少大袈裟に聞こえるかもしれないが、生きていくことの手応えといったものを得ていくのではないだろうか。

　コミュニケーションの問題と密接に関連することが、人間が他者に関わるという営みの中に存在するのは当然である。普段は表立って問われない重要

な事態が、ここには潜んでいる。対話の哲学で著名なブーバーは、人間存在には二重の根本原理があると主張した（ブーバー 1969：5-26）。一つは原離隔化（Urdistanzierung）、そしてもう一つは関係への参入（das In-Beziehungtreten）、これら 2 つの根本原理が、互いにそれぞれを前提し合いながら人間存在を成り立たせているという。どういうことか。他者と関わろうとするうえでは、自分の意のままにはならない自立的な他者という存在を認め、しかもそういう他者との関係に積極的に参入・介入していこうという態度、これらが人間存在の根本原理そのものであると唱えるのである。

　早坂は、自身の人間関係のトレーニングの経験を経て、人間関係には、「あいだ」と「つながり」の 2 つの契機があり、そのどちらかが失われても関係そのものが成り立たないとしている（早坂 1979：第 5 章）。他者との「あいだ」（間、違い、距離、ブーバーのいう原離隔化）に気づき、認め合う中で初めて適正な「つながり」（ブーバーのいう関係への参入）が成立する。お互いの言い分や主張が違っても、それをぶつけ合う中で初めて互いの存在に気づき認め合い、場合によっては、だからこそお互いを必要とし合えるし、協力し合える。ブーバーの難解な表現を日常の身近な出来事や体験のレベルで考えると以上のようになる。

　コミュニケーション行為にもほぼ同等のことがいえるし、それは、特に完結的行為としてのコミュニケーションの側面でいえることではないだろうか。

　コミュニケーションや人間関係において、人間存在の社会性を考えるうえでもう一つ重要な側面を加えるとすれば、"相互性"ということである。コミュニケーションや人間関係の問題を考えるうえで、相互性などということは考えるまでもないくらい当たり前のことと理解されているのかもしれないが、他者への配慮の欠けた振る舞いや、押しつけになっている行為が、親密な関係と思われている間でも頻発している事実は見逃せない。こうした行為が弱者に向けられる時は、暴力にも等しくなる。良かれと思い、わが子に向けられる親の愛情さえも、それが子どもの立場や事情を配慮せず、さらには子どもの言い分も聞かずに注がれる場合は、押しつけ以外の何物でもなくなる。子どもにしてみれば、そこから逃げられない暴力の責め苦にも近く感じ

られることがある。

医療の世界で、医療専門職（特に医師）が患者という存在に、適切と思われる医療行為・治療であっても、それが一方的な行為となる場合は訴訟の対象になることも珍しくない。医療法第1条では、医療専門職と患者間において医療行為の「説明と同意・合意」が義務づけられている。医療行為が医療専門職側からの一方的な行為にならないがための規定である。いわゆるインフォームドコンセント（informed consent）によって両者の関係の対等化を図り、両者の関係の中に相互性を強め、特に患者の側の自己決定の促進を図り、それを権利として認めていく意図がある。末期がん患者におけるキュア（cure）からケア（care）へという動き（柏木 1983：16-18）も、ややもすると一方的で一辺倒になりがちな医療専門職によるキュアという治療的行為の中に、全人的（holistic）で相互的なケア・配慮を回復させていこうとするものである。ケアという相互性を認める営みにおいては、医療専門職が患者側からむしろ学ぶことが多く、さらにはこのケアが全うされる時は双方が互いに人格的に成長していく機会にもなっていることが報告されている（中川 1994：278-281）。

## 第3節　社会問題の社会性

ここで社会問題という場合、それが個人に還元できない社会構造上の問題がその根本にあり、社会制度や社会システムの改善によってその解決を図っていくというような含みを持っている。ここでは、いわゆる“いじめ”問題と児童虐待問題を取り上げることにする。

いじめ問題の発生要因として、学級の雰囲気などの「いじめの許容空間」、いじめっ子の内なる「いじめ衝動」、いじめられっ子の「ヴァルネラビリティ」（vulnerability）が挙げられる。「いじめの許容空間」とは、受験戦争などで教室内が過度の緊張状態に陥っている状況、対照的に最低限のルールも守れないなれ合い状態などをいう。「いじめ衝動」は、個人の心理状態と理解されがちだが、その成り立ちは家庭内の抑えつけの強さ、友人間のストレスフルな状況等の対人的な条件から生まれてくる場合が多い。「ヴァルネラビリティ」は、たとえば身体的な障害がその発生源になることもある。生物的要件とし

ての障害が、他者からどう受け止められるかという社会的要件が伴う時に成立する。「いじめの許容空間」は、複数の人間に共有されていることそのものが社会的であるといっていい。いじめっ子の内なる「いじめ衝動」は、いじめられっ子の存在があるからこそ膨れ上がってくる、一種の集団心理・社会心理でもある。「ヴァルネラビリティ」は、生物的な次元や個人の属性の中に"いじめられやすさ"として浮かび上がるものもあるが、それ以上に、いじめっ子の「いじめ衝動」と絡み合った時に、いじめられっ子の存在そのものの"いじめられやすさ"として社会的に意味づけられる。「いじめの許容空間」は、「いじめ衝動」と「ヴァルネラビリティ」とが絡まりやすい空間であると同時に、この空間においては共有するメンバー間の、そしてそのメンバーといじめっ子との間にある種の社会的合意が成立している。この社会的合意は言語的に共有される場合もあれば、暗黙の了解のうちに成立している場合もある。いずれにしても、この合意に背けば、今度はその背いた者が、いじめっ子や「いじめの許容空間」を構成するメンバーから、いじめのターゲットになる可能性が強くなる。

　いじめの問題が様々な変遷を経ていることも事実である（土井 2013：はじめに，第1章）。昨今のいじめ現象においては、「いじめっ子」、「いじめられっ子」の明確な区分は難しくなっているという。さらには「いじめの許容空間」を構成するメンバーは、"傍観者"が多くなっている。教育の現場においては、生徒間で自らの存在を目立たせないよう互いに精密な"レーダー"を張り巡らせ、対立のない"やさしい"関係（大平 1995）を志向している。自己を浮かび上がらせたり、目立つような行為は極力避けられる。そのような行為に至ってしまうといじめの対象になるからだという。たとえそれが、"空気の読めない"（KY）がゆえの行為であっても、である。

　第2節で触れたブーバーの根本原理に従えば、自立した他者の存在を認め合う、つまりは互いの違いを認め合う原離隔化は、巧妙に回避され、しかも、他者のことをそっとしておいてやる"やさしい"関係においては、関係への参入も当然のことながら実現しない、ということになる。こうした中では、いじめっ子もいじめられっ子も互いに匿名化され、いじめの許容空間に傍観

者が増加するといった、何が起こっているのかよくわからないいじめの陰湿化が進行するのである。その典型例が"ネットいじめ"という形で表れることになる。

　児童虐待の問題にも触れておこう。児童虐待の問題は、各種メディアでも報じられることが多くなった。その内容は概ね、残虐性、非道徳性、危険性、特異性が強調される場合が多い。そして、関係諸機関（特に警察と児童相談所）の早期介入の失敗や制度上の不備などに非難が集中するといった傾向が強い。もちろんこれらの側面からの問題の指摘、批判・非難が的を射ている場合も少なくない。しかし、当事者の家族関係の内面に少しでも踏み込んでみると、問題の別の面がみえてくるのも事実である。自明的になっている家族関係に足を踏み入れていくことは、普段は当たり前すぎてかえってみえにくくなっている家族の社会的側面に光をあてることをも意味するだけに、抵抗感が強くなることもありうる。

　児童虐待の加害者である親は、多くの場合、自分自身の行為が「しつけ」の範囲内であると認識している。それが度を越して、子どもを瀕死の状態や死へと至らしめてしまい、慌てふためくという具合である。「しつけ」は、社会学的には「社会化」（socialization）の一形態で、「ある社会集団の成員（通常大人）がその社会集団への新参者（通常子ども）に対して、日常生活における習慣・価値観・行動様式などを、教え、習得させる過程」（見田ら 1988：369）である。「しつけ」はこのように、日常生活の中で行われる親から子どもへ向けての社会的行為そのものである。もちろん「しつけ」を言い訳にして自分の暴力行為を意図的に隠蔽している親も中にはいるだろう。ところが、子どもへの虐待という認識がまったく欠け、「しつけ」であることを疑わない親も数多く存在する。こうした場合、「しつけ」という名の子どもへの虐待が家庭という密室空間において日常化されていることになる。しかも、児童虐待の加害者である親は、かつてはその被害者であったというケースも多く報告されている（斎藤 1998：55-65）。虐待の被害者である子どもは、親との依存関係が災いして、虐待を受けているにもかかわらず、その親を庇いさえする。やさしく愛すべき親である時間も多いからである。より深刻なことは、

こうした親子関係の中で育った子どもは、やがて自分自身が子を持った時も、「しつけ」という名の虐待を知らず知らずのうちに受け継いでしまうことである。児童虐待の世代間連鎖という現象である（長谷川 2005）。

　児童虐待問題がいじめ問題と異なる点は、それが親子間という密着した関係において生起することにある。もともと、ブーバーのいう原離隔化は難しいのである。さらには、一心同体的感覚の中で主張される「子どものためを思って」や「子どものために」は、自立した個人を子どもにおいて発見することは困難であるばかりか、こうした親の側の主張は疑似相互性の形をとった一種の暴力になってしまう場合が多い。子どもにとっては、押しつけがましい"やさしさ"という非常に厄介な代物を背負わされることになっているのである。

## 第4節　死の社会性

　本章では、いのちの誕生・出生にまつわる社会性という問題から始め、その生育状況に応じてコミュニケーションや人間関係の在り方にも様々な経験を経たうえで、それらを更新させていく人間の在り方の一端をみてきた。人間は病気や障害を被る機会もあるだろう。また、避けられない宿命として、老い、やがては人生の終焉・死を迎えざるをえない、死にゆく存在でもある。本章を閉じるにあたって、人間の死、あるいは死にまつわる出来事も、種々の社会的性格を帯びていることを確認しておきたい。

　人間が死ぬ、この事象にあたっては、その判定する基準や方法があることはよく知られている通りである。社会や文化、あるいはその歴史的変遷という脈絡の中で、人間の死を判定する基準や方法も変遷してきた。日本社会においては、比較的近年になって認知された"脳死"（立花 1993）という人間の死の判定基準が話題になった。臓器移植法が成立して、脳死という死の判定基準が登場する前は、死の三兆候として、①呼吸停止、②脈拍の停止（心拍停止）、③瞳孔拡大、をもって人間の死とされていた。しかしながら、心拍停止後では、人間の身体内での臓器が退化してしまうため、心拍停止前であっても、蘇生の可能性が低いと判断された脳死の状態をもって、人間の死を

判定するべきであるという考え方が臓器移植法によって制定された。ちなみに、臓器移植法にあっては、①提供者が死亡または脳死状態であること、②提供者が臓器提供の意思表示を生前に行っていたこと、③臓器移植に関して家族の同意があること、の３点が満たせれば、臓器移植を認めている。脳死や臓器移植そのものの是非はここでは問うことをしまい。死の判定基準が時代や社会・文化によって異なってくること、さらには臓器移植法という脳死を認める法律が成立すること、これだけをとってみても、死という事象が単に個としての生物的次元にとどまるものではなく、社会性を備えた事象であることは明白である。

　別次元の事柄ではあるが、"孤独死"（結城 2014）が現在進行形で問題となっていることも周知の通りである。孤独死という言葉は、1970年代あたりから独居高齢者がその死後だいぶ経過してからようやく発見された事件を契機に、1980年代頃からマスメディアによってたびたび使用された。一躍注目されるようになったのは、阪神・淡路大震災後の仮設住宅における、隣人から異変に気づかれることなく病気等で身動きがとれないままに死んでゆく人が頻発したことがきっかけになっている。以降、災害時に限らず、日本各地の団地等でもみられる現象として反響を呼んでいるのである。平成22年版高齢社会白書の「誰にも看取られることなく息を引き取り、その後、相当期間放置されるような悲惨な孤立死（孤独死）」（内閣府：57）という定義は、やや一般的になっているのではないだろうか。この定義の途中で形容されている"悲惨な"という感情は、死にゆく当人にとってなのか、身近な家族にとってなのか、孤独死のニュースや記事をみた読者（社会の成員）にとってなのか、はっきりしないところを残すものの、いずれにしても他人事として自分からは遠い事象であると済ませてしまうことのできないある種の"身近さ"が誰にでもあるのかもしれない。もちろん、核家族化の進行、高齢化の進展、地域社会の希薄な人間関係、といった社会的背景が確実に存在し影響を与えている。その意味で、死にゆく個人にとっては孤独あるいは孤立した事象なのかもしれないが、それを認知する複数の社会的成員がこのことを身近に迫った事象として捉えているという点で社会的事象なのである。

　社会における一般的問題・課題として語られる頻度の多い脳死や孤独死の問題とは違って、医療や看護、社会福祉や心理臨床、等々における援助活動に密接に関係した中で起こる死の問題は、あくまでも個別の事例や課題として語られる場合が多くなる。ここでは、現象学的視点から看護研究を進める西村ユミの報告するグループインタビューの中から話題になっている事例を紹介しよう（西村　2016：第 4 章）。

　西村は、慢性骨髄性白血病の急性転化によって入院してきた 30 代の女性患者と、長期間にわたってこの患者のプライマリーナース（入院中の受け持ち）として看護を続けてきた C さんの関わりを紹介している。この患者は、造血幹細胞（骨髄）移植後の 1 年余りを合併症に苦しみ、自らの意志によって命の幕を下ろした。様々なリスクおよび合併症の苦しみと闘う道を選んだのは、治癒への希望とそこに至る頑張りが支えとなっていた。にもかかわらず自死に至ってしまったのは、頑張りの限界を超えてしまったからである。この姿・痛みを身近に経験し、みてきた看護師 C さんは、患者の死後 2 年以上を経過したグループインタビューの場においても、いまだにこの患者への「引っかかり」、「後悔」、「心残り」を抱いている。一見否定的な心象としてしか捉えられないこれらの経験は、否定的な心象であるとともに、看護師 C さんにとって、現在の自身の看護活動の意味の問い直しへの促しとして確実に生きている。つまりは、女性患者の死後においても、その死は「引っかかり」、「後悔」、「心残り」として生き、C さん自身の現在進行形の看護活動の意味の更新をし続けている。現在、C さんにとってのこの女性患者の死は、「自分らしく生きるために生きないことを選んだ」ものとして意味づけられている。グループインタビューにおいて、同様の経験を経たり、何よりもこの女性患者の生前の姿や頑張りを知っている看護師仲間たちとの語らいを通しての意味づけである。

　考えてみれば看護等の援助活動における死という事象に限らず、われわれは家族や身近な存在の死を通して、故人が現在生きている者の中に確実に生きていることは多くの人が体験していることではないだろうか。それはいいすぎだろうか。死者の魂が、生きている者の現在の在り方に確実に影響して

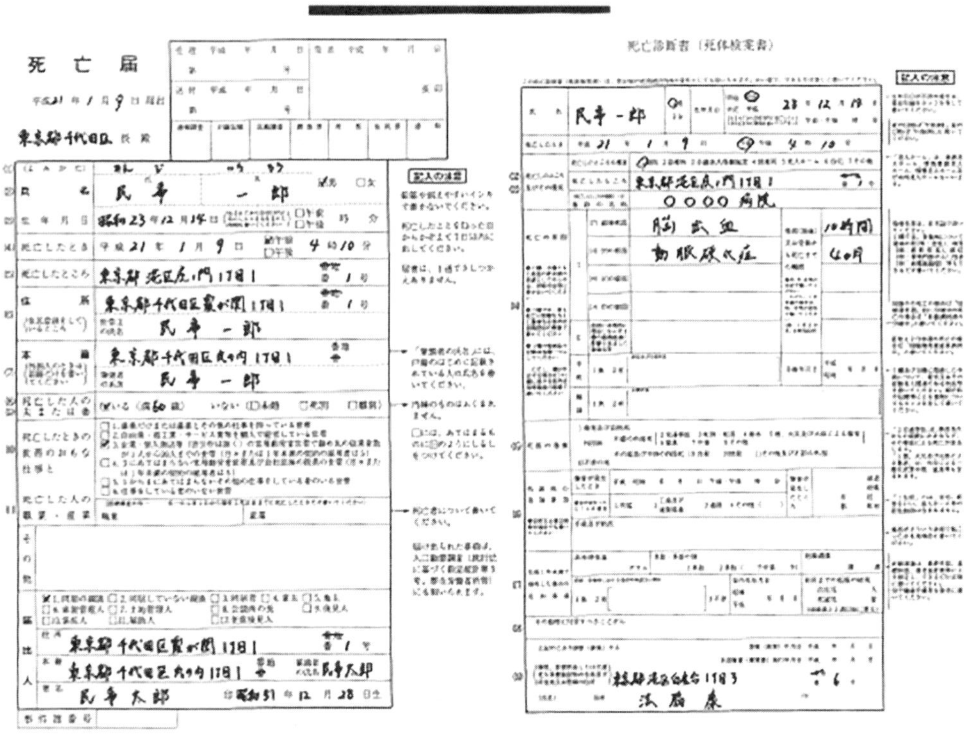

図 1-2　死亡届・死亡診断書

出所）法務省 HP
http://www.moj.go.jp/content/00011718.pdf

16

いる、ということは頻繁に見かけられることである。一周忌、三周忌、七周忌といった（年忌）法要において、追善供養を行い、故人を偲び、その魂を弔うのは、仏式の儀式の一環であるとともに、あるいはそれ以上に、故人の生き方を懐かしむ、偲ぶ、その意思を確認する、引き継ぐ、等々によって、何らかの形で故人の存在が、今生きている人の中に反映されているからではないだろうか。

　なお、人間の誕生・出生の際と同様に、その死に際しても、死亡届・死亡診断書の提出が必要になる（図1-2）。と同時に、火埋葬許可申請書を提出し、火埋葬許可証の交付を受ける。その後、火葬場より埋葬許可証の交付を受け、納骨というプロセスを経る。通常は、こうした社会的手続きを踏むことが求められる。本章を閉じるにあたって、蛇足かもしれないが、こうした社会的手続きのあることを付け加えておきたい。

■引用・参考文献

ブーバー，M. 稲葉稔・佐藤吉昭訳 1969 年『哲学的人間学』みすず書房
土井隆義 2013 年『友だち地獄』ちくま新書
長谷川博一 2005 年『断ち切れ！　虐待の世代連鎖』樹花舎
早坂泰次郎 1979 年『人間関係の心理学』講談社現代新書
イタール，J. M. G. 古武彌正訳 1975 年『アヴェロンの野生児』福村出版
柏木哲夫 1983 年『生と死を支える』朝日新聞社
メルロ＝ポンティ，M. 竹内芳郎・小木貞孝・木田元訳 1974 年『知覚の現象学2』
　　みすず書房
メルロ＝ポンティ，M. 滝浦静雄・木田元訳 2005 年『眼と精神』みすず書房
見田宗介・栗原彬・田中義久編 1988 年『社会学事典』弘文堂
内閣府『平成 22 年版 高齢社会白書』
中川米造 1994 年『医療のクリニック』新曜社
西村ユミ 2016 年『看護実践の語り』新曜社
岡本夏木・浜田寿美男 1995 年『発達心理学入門』岩波書店
奥井智之 2014 年『社会学』東京大学出版会
大平健 1995 年『やさしさの精神病理』岩波新書

斎藤学 1998 年『NHK 人間大学 1989　7 月〜9 月期　家族の闇をさぐる』日本
　　放送出版協会
シング, J. A. L. 中野善達・清水知子訳 1977 年『狼に育てられた子』福村出版
立花隆 1993 年『脳死』中公文庫
竹内敏晴 1975 年『ことばが劈かれるとき』思想の科学社
結城康博 2014 年『孤独死のリアル』講談社現代新書

# 第2章　社会の変化と生活

## 第1節　戦後の社会状況の変化と生活

　戦後、わが国はきわめて短期間の間に著しい経済成長を遂げ、経済大国へと変貌した。その間、産業構造や労働領域の在り方、地域社会や家族の在り方も著しく変質した。ここでは特に労働領域と家族の変化に焦点をあてつつ、それらを生活保障（社会保障・社会福祉）と関連づけながらみていくことにしよう。

　昭和20年代初頭のわが国の社会状況は、先の大戦により社会・経済は壊滅的な打撃を受け、失業とインフレ、食料危機、劣悪な衛生環境の問題など、生死に関わる緊急の課題に多くの人々が直面していた。

　特に戦災孤児や、戦争を通じての身体障害者、そして約500万人にものぼる戦争引揚者が著しい経済的困窮状況のもとに置かれていた。こうした状況下で緊急に求められた対策は、引揚者や失業者等の生活困窮者に対する生活援護施策や劣悪な食料事情と衛生環境に対応した栄養改善と伝染病予防などであった。また、戦争や戦災で親を亡くした孤児や、住む家や食料もなく町にあふれた浮浪児、身売りをする子どもたち等も急増し、その対策が求められていた。

　わが国の社会福祉はこうした戦後の社会状況の中で始まった。戦争引揚者を対象とした「旧生活保護法」（1946年）の制定、「児童福祉法」（1947年）、「身体障害者福祉法」（1949年）、「生活保護法」（1950年）が順次立法化され、基盤制度としての「社会福祉事業法」（1951年）が制定されるに至って、戦後のわが国の「社会福祉」の基盤が作り上げられた。だがこの時期の社会福祉は、戦争引揚者等が抱える貧困問題への対応、浮浪児、孤児問題への対応、

戦争による身体障害者問題への対応という戦後処理的な性格を強く担っていた。それゆえ「社会福祉」の対象も「貧困問題」に限られ、そうした限られた対象者をいかに保護・救済するかということが「社会福祉」の中心的な課題だったのである。

またこの時期は、「家族の再構築期」、「新たな家族の形成期」でもあった。国内外の離別家族と再開し、再び一つの家族として生活基盤を立て直そうとする人々、戦争や戦災で夫や家族を失い、以前とは異なった家族状況を生きなければならなくなった人々、強いられていた離別から解放され新たな家族を形成する人々等、様々な状況を抱えた人々による家族の再構築や新たな家族の形成が進捗していた。そうした中、1947年には婚姻率が最高値を示し、1947～1949年には史上例をみないほどの出生数の爆発的増加、すなわち「団塊の世代」の誕生をみることとなった。

だがこうした出生数の増加は、戦後の「貧困問題」に一層の拍車をかけることとなった。この問題への政府の対応は、「優生保護法」（1948年）の制定や家族計画を目標とした人口問題審議会の設置（1949年）等にみられるように、人工妊娠中絶の実施や避妊知識の普及を通じて、人口抑制策の展開を図ろうとするものであった。戦後の著しい貧困状況の中では、人口抑制策こそが貧困問題の解決の有効な手段であり、わが国が近代先進国家へと転換するうえでも有効な手段となりうると考えられたのである。

団塊の世代の誕生以降、こうした施策は瞬く間に受け入れられ、数多くの人工妊娠中絶が実施された。1950年の堕胎実施件数は約50万件、ピーク時の1955年にはその倍の約107万件もの堕胎が実施され、年間約200万人を超える出産がある一方で、その半数近くの100万人にも及ぶ胎児が堕胎されていたのである（内閣府 2004）。堕胎を実施する個人的理由の多くは経済的な理由である。だがその背後には、経済復興のため、あるいは近代先進国家への転換のためという社会的な理由が存在していた。数多くの闇に葬られた胎児たちの命。われわれが手にしている今日の豊かさは、ある意味でこうした数多くの堕胎された胎児たちの犠牲のうえに成り立っていたともいえよう。

戦後復興の歩みは、1950年に勃発した朝鮮戦争により加速化した。朝鮮

戦争がもたらした「特需」によって、わが国の経済状況はきわめて短期間に著しい回復を遂げたのである。そして1956年の経済白書には「もはや戦後ではない」という言葉が記され、戦後10年間ほどで、戦争による経済的なダメージを回復するに至ったのである。

## 第2節　高度経済成長期の社会状況と生活

　高度経済成長期は、産業構造と就業構造に著しい変化がみられた。所得倍増計画（計画期間1961〜1970年、実質成長率10.9%）の策定、東京オリンピック（1964年）の開催、同年の東海道新幹線の開業、さらには名神高速道路、東名高速道路の開通など、太平洋ベルト地帯の都市機能が短期間で整備されていった。1950年と1970年の産業別就業者比率をみると、第一次産業は48.5%から19.3%へと激減し、第二次産業は21.8%から34%へ、第三次産業は29.6%から46.6%へと増加し、農林水産業中心の社会から製造業を中心とした第二次・第三次産業へと著しい労働のシフトが生じていた（厚生労働省 2013）。

　この労働のシフトは、人口の移動を伴うものでもあった。農林漁村部から都市部への著しい人口移動であり、とりわけ若年者層を中心とした数多くの人々が都市部へと移り住み、成長産業としての企業にサラリーマンとして雇用されるようになっていったのである。

　高度経済成長期、新たに多くの人が雇用されるようになった日本企業の在り方は、「日本的経営」といわれる特有の企業文化を携えていた。その特徴の一つは、経営家族主義といわれ、経営者と従業員との関係を親と子の関係に見立て、企業間の関係も「系列企業」や親会社と子会社といったように、本来目的集団である企業を基礎集団として考えるような特有な文化である。とりわけ成長産業であった製造業の中で発展してきた。この「日本的経営」の内実は、終身雇用制度、年功序列制度、企業別組合といった特徴を携えていた。こうした企業に数多くの人たちが雇用され、所属、帰属するようになっていたのである。

　また高度経済成長期は、所得の増大を通じて生活水準が著しく向上した時期でもあった。1950年代後半には「三種の神器」（白黒テレビ、冷蔵庫、電気洗

濯機）が普及し、そして 1960 年代後半には各家庭に「3C」（カラーテレビ、カー、クーラー）が所有されるようになり、短期間の間に「私的所有の拡大」がみられた。また 1955 年に日本住宅公団が創設され、そこが中心となって数多くの「団地」が都市部・都市近郊に建設された。住まいも、高度経済成長期の末には、借家や社宅からマイホームの取得といったように私的所有のさらなる拡大が進捗した。

　こうしたドラスティックな社会状況の変化は、家族の規模、形態、機能にも大きな変化を及ぼした。この時期には、いわゆる「核家族化」が進展した。1955 年から 1975 年までの 20 年間において、平均世帯人員は 5 人弱から 3.35 人へと大幅に減少し、「夫婦と子どもからなる世帯」は親族世帯数 1000 万世帯増のうちの約 700 万世帯を占め、親族世帯に占める割合は 45％から 53％に増加した。1955 年以降の合計特殊出生率も 2.0〜2.2 で推移し、夫婦と子ども 2 人という家族像が「標準的家族」像になった。都市への人口の移動は、自営業世帯、特に農業世帯に多かった三世代世帯を衰退させた。だが農業世帯だけをみると、三世代世帯の実数は大幅に減少したが、農業世帯におけるその構成比は 50％以上であり、農業世帯においては依然その比率は高い水準にあった。だが雇用者世帯においては、三世代世帯は、地方で 2 割以下、都市では 1 割にも満たないといった程度であり、核家族化は、主に都市部において、サラリーマン世帯（雇用者世帯）において進行していたのである。

　また都市部の核家族化した家庭においては、女性の専業主婦化が進展した。女性の年齢階級別労働力率の 1960 年と 1975 年とを比較してみると、すべての年齢層（コーホート）において 1975 年の方が低くなっている。特に 25〜29 歳、30〜34 歳の年齢層においてその低下が著しく、女性労働力曲線の M 字の形態がよりくっきりと際立っている。

　男性の雇用者化・ホワイトカラー化と並行して、1963 年に「OL」という言葉が登場し、企業の中で事務職として働く女性たちが増大した。だがその労働は男性労働者の補助といった性格が強く、男性と対等に働くというよりも結婚までの腰かけ的な仕事といったニュアンスが多分にみられた。OL の

結婚適齢期は24歳で、それをたとえて「クリスマスイブまでには寿退社」といわれていた。サラリーマンの夫と結婚して「団地」に住むが、ゆくゆくはマイホームで生活する。こうした姿が追い求められていたのである。

　このような女性の専業主婦化を可能にしたのは、経済成長に伴う賃金上昇、ならびに企業における日本的雇用システム（終身雇用制度、年功序列制度、世帯主中心の福利厚生制度）の影響が大きいといわれている。つまり男性一人の収入でも世帯を扶養し生活していくことが可能な賃金・雇用システムが、経済成長とともに確立、拡大していったのである。また片働き世帯を制度設計の前提として創設された国民皆年金皆保険制度（1961年実施）や、同年から実施されるようになった税制上の配偶者控除制度等もこの動きを後押しした。

　この女性の専業主婦化とともに、男女の「性別役割分業形態」や「性別役割分業意識」も明確な形で形成されるようになった。雇用者化・サラリーマン化を通じた「職-住」の分離（生産の場と消費の場の分離）、ならびに「公-私」の分離が進展するとともに、家庭は「消費の場」、「私的な場」という性格を強く持つようになった。そして私的領域化した家庭の中に、女性が専業主婦として自らの位置を築くようになったのである。

　こうした動きの中で「男性は外（会社）で仕事、女性は家庭内で家事・育児」といった「性別役割分業形態」が、文字通りの意味で、正しく目にみえる形で実現化し、女性は私的領域化した家庭の中で「家庭を形成する人（ホームメーカー）」としての位置を持つようになった。

　また家族を形成する基盤である婚姻に関しても、見合い結婚から恋愛結婚へと移り変わり、「愛情」が家族（家庭）を形成する基盤となった。恋愛結婚（愛情）によって結ばれ、私的領域化した家庭の中に入っていった女性には、とりわけ「愛情」が求められるようになった。愛に満ちた家庭を形成すること、そして愛の結晶としての子どもを愛情深く生み育てること、そのことが女性に期待されるようになったのである。こうした「愛情規範」の形成とともに、女性には「母性愛」が強調され、子育てに関しても「三歳児神話」（子どもが3歳になるまでは母親の手による愛情深い子育てが必要とされるという言説）が熱心に語られるようになった。

この時期の社会福祉は、経済成長とともに拡大化へ向けての動きを進め、戦後復興期の「福祉三法体制」から、「精神薄弱者福祉法（現：知的障害者福祉法)」(1960年)、「老人福祉法」(1963年)、「母子福祉法（現：母子及び父子並びに寡婦福祉法)」(1964年）の制定を経て、「福祉六法体制」へと移行した。そしてその対象も「貧困問題」から「生活問題」へと拡大し、対象者も「生活困窮者」だけではなく、経済成長や生活水準の向上から取り残されがちな「社会的弱者」へと拡大されていった。

　高度経済成長期の社会福祉は、貧困問題や養護問題ばかりではなく、保育問題、教護（非行）問題、重症心身障害児・者問題、児童の健全育成問題、母子家庭問題や、老人問題などにその対象・施策を拡大していった。それとともに社会福祉の概念も、「社会的弱者」に対する「制度的措置」を意味するようになり、制度的措置として「社会的弱者」を施設において保護し、支援していくという形態が作られていった。つまりこの時期の「社会福祉」は、行政によって選別された「社会的弱者」を対象とし、生活に恵まれず、一般の家庭生活や社会生活からは「こぼれ落ちてしまった」あるいは「こぼれ落ちてしまいがちな」人々に対する保護・救済的なシステムとして存在するようになったのである。行政によって選別的に「与えられる福祉」、対象者を「施設」において保護するという「施設中心主義的な福祉」が展開されていた。

　では一般の人たちに対する福祉や生活保障はどのように展開されていたのだろうか。国家（公）と企業（民）と家族（私）との関係をあえて図式的に語るならば、中央集権的な国家（公）が護送船団方式によって企業（民）を支えるというものである。企業においては、系列化を通じて大企業が中小企業を支え、「日本的経営」を通じて企業が男性従業員を丸抱えにし、企業に雇用された男性が家族を支え、家庭の中では、専業主婦化した女性が子どもや老人を支えるといった図式が形成された。一般の人々にとっての福祉は、男性が所属する企業の「企業内福祉（社宅や家賃補助等を中心とした福利厚生)」と専業主婦化した女性の手による「家庭内福祉」が第一義的な福祉であって、そうした「企業内福祉」や「家庭内福祉」の恩恵に恵まれなかった人々や、そこからこぼれ落ちてしまった人に対して、初めて行政による措置的な「公

的福祉」が提供されていた。

　不況期に国民生活を支えていたのは、「公による福祉」によってというよりも、国家によって臨時的に提供される「公共事業」によってであった。「公共事業」を通じて公が企業を支え、企業を支えることが従業員を支え、それとともにその家族をも支えるといった、ある種の垂直的な入れ子構造の中で生活保障が展開されていたのである。国家（公）に対する企業（民）の位置、男性に対する女性の位置と同様に、社会福祉の対象者もこうした垂直的な入れ子構造の中で従属的な位置に置かれていた。

## 第3節　オイルショック以降の社会状況と生活

　オイルショック以降、1970年代後半になるとわが国の経済は安定成長期を迎えた。製造業は合理化、機械化、オートメーション化を進め、設備や技術の高度化を通じて、雇用者数の抑制と同時に生産量の拡大化を図り、多品種大量生産を可能にした。消費も成熟化し、モノの消費のみならず、サービス消費が中心を占めるようになり、消費の多様化と個性化も進展した。それに応じて産業構造も製造業からサービス産業への転換が進み、この時期以降、サービス産業に従事する人々が著しく増加していくこととなった。

　また経済のグローバル化も進捗し、新自由主義的な経済政策のもと、自由主義的な「市場」の拡大と「自由競争」を前提としたグローバルな市場の形成という大きな波の中に、わが国も飲み込まれていくことになった。

　この時期、イギリスにおいては「サッチャリズム」、アメリカにおいては「レーガノミクス」といった新自由主義的な経済政策が進められていく中、わが国においても1981年に「第二次臨時行政調査会」が設置され、自由主義的な市場に対応するために、行財政改革、規制緩和、民活・民営化の動きが進められた。象徴的には国鉄の民営化や三公社五現業の民営化に向けての方向づけが進められるとともに、行財政改革の一環として「社会保障制度や社会福祉の見直し」等の動きも進められた。

　ベースの流れとしては、公から民への民営化の流れと同様に、公助から自助へという自助化の流れ、さらには自立や自己責任の強調がなされた。それ

とともに、領域としては「医療」から「福祉」へ、さらには「施設」から「在宅」へという在宅化へ向けての動きが進められた。

　医療から福祉への流れは、保健領域におけるヘルスプロモーション活動、健康教育、各種健診活動等といった「疾病に対する予防的働きかけ」の強化や、「自立へ向けての回復的、リハビリテーション的な働きかけ」の強化を通じて、医療の領域から福祉の領域へと利用者を方向づける動きが強化された。

　また福祉領域内でも、公助中心の「施設」から自助中心の「在宅」へと在宅化へ向けての動きが推し進められた。この1980年代の自助・自立を強調した日本型福祉論の展開は、いわば高度経済成長期に専業主婦化した女性たちを福祉の最終的「受け皿」として期待した在宅化へ向けての動きであったと語れよう。

　1980年代半ばをすぎると、日本の経済的状況は、土地と株式を中心に投機が投機を呼ぶといういわゆるバブル経済現象が生じ、資産価値のバブル的上昇を前提に、空前の高級志向消費ブームが到来した。しかし1990年の株式市場の暴落を契機にバブルは崩壊し、不良債権問題等で金融機関や企業は大きなダメージを被り、それが国民生活にも多大な影響を及ぼすことになった。

## 第4節　グローバル化の進展と企業・家族の在り方の変容

### 1　日本的経営の変容

　経済のグローバル化はIT化の流れと合流し、急激な資本移動と富の偏在や経済的な格差の拡大をもたらした。通貨や株の暴騰と暴落、バブル経済の崩壊を通じて、日本企業は、これまでの日本企業の特色であった日本的経営という日本特有の企業組織の在り方を大きく転換することとなった。

　これまでの日本的経営は、企業を一つの運命共同体として捉え、経営者は、株主との関係以上に従業員との関係を重視していた。企業が従業員の生活を保障し、従業員も企業の成長のために鋭意努力するという相補的な関係性、それが日本企業の成長の原動力であった。外部の株主への利益配分はほどほ

どに、経営者は従業員の雇用と労働条件の維持に努め、部外者である株主の
介入を避けるために関連企業における株の持ち合い等を進めていた。いわば
関連企業を含めた一つの共同体全体の成長を重視した企業風土を作り上げて
きていたのである。

　しかし経済のグローバル化の拡大、とりわけバブルの崩壊以降は、株主主
義と能力主義を重視する動きが著しく進捗した。株主主義とは、従業員以上
に株主を重視するという考え方であり、株主への高配当の実現のためには企
業収益を最大化することが望ましいとする考え方である。株主主義において
は、従業員の育成や福利などよりも企業収益を上げることが最優先事項であ
るため、不況期には、雇用や労働条件の維持よりも、従業員への締めつけや
首切り、不採算部門の切り捨てなどといった対応がとられるようになった。
また高収益を実現するために能力主義が導入され、成果に応じた賃金システ
ムや、外部から能力のある者を高給で迎え入れるといった雇用スタイルも採
用され始めるようになった。

　日本企業は、経済のグローバル化への対応、ならびに不採算部門の整理や
不良債権の処理を進めるために、終身雇用や年功序列といった従業員の雇用
や生活保障を重視した日本的経営から、個々人の能力を十二分に発揮しうる
企業システム、株主主義や成果主義を重視した企業システムへの転換を図っ
ていったのである。

　雇用制度に関しても、労働者派遣制度（1986 年施行）は、当初、専門的 13
業種に限って認められていた制度であったが、産業界の強い要請を受け、
1990 年代後半以降は、その範囲を急ピッチに拡大し、2000 年代前半までに
はほぼ全業種にまで拡大した。それに応じて雇用の流動化が著しく進み、雇
用形態も正規雇用から雇用調整可能な非正規雇用への転換が著しく進捗する
ようになった。

　またサービス産業の進展もこの動きに拍車をかけた。サービス産業の拡大
自体が女性の労働力需要を増大させ、女性の社会進出を進展させた。その動
き自体が非正規雇用形態（派遣社員、契約社員、パート社員、出向社員等）の拡大
と多様化をもたらしたのである。

非正規労働者数は、1984 年の 604 万人（全労働者に対する比 15.3％）から 2017 年の 2036 万人（同 37.3％）へと著しく増大した。今や労働者の 4 割近くが非正規労働者である。女性の年齢階級別労働力率をみると、高度経済成長期に形づけられた M 字型曲線は、女性の社会進出を受け、その形はなだらかなものになってきている。

　女性の社会進出が進んだとはいえ、ジェンダーでみると、正規雇用労働者の約 7 割が男性であり、非正規労働者の約 7 割が女性である。男女の賃金格差（2017 年）をみても、男性：女性＝100：65 であり、まだかなりの格差が存在している。正規雇用と非正規雇用の賃金格差も男女の賃金格差とほぼ等しく、正規：非正規＝100：65 である。労働領域において進展していた非正規雇用化の動きは、主に女性労働において進展していたのである。

　学歴別でみると、中卒・高卒の人たちの非正規雇用化が著しく、高卒レベルでは安定した仕事に就きにくい状況が生まれた。学歴による賃金格差も顕

表 2-1　就業形態、現在の会社における各種制度等の適用状況別労働者割合

複数回答（単位：％）2014 年

| 就業形態 | 全労働者 | 雇用保険 | 健康保険 | 厚生年金 | 企業年金 | 退職金制度 | 財形制度 | 賞与支給制度 | 福利厚生施設等の利用 | 自己啓発援助制度 | フルタイム正社員への転換制度 | 短時間正社員への転換制度（注2） |
|---|---|---|---|---|---|---|---|---|---|---|---|---|
| 正社員 | 100.0 | 92.5 | 99.3 | 99.1 | 29.9 | 80.6 | 48.3 | 86.1 | 54.2 | 36.8 | 10.9 | 9.4 |
| 正社員以外の労働者 | 100.0 | 67.7 | 54.7 | 52.0 | 5.0 | 9.6 | 6.4 | 31.0 | 23.8 | 10.1 | 11.4 | 2.3 |

注 1）　表頭「全労働者」には、各種制度等の適用状況が不詳の労働者を含む。
　　2）　ここでいう「短時間正社員」とは、フルタイム正社員より一週間の所定労働時間（所定労働日数）が短い正社員のことをいう。
　　　　短時間正社員への転換制度には、大きく分けると、下記の 3 つのパターンがある。
　　　　①　フルタイム正社員が地域活動、自己啓発その他の何らかの理由により短時間・短日勤務を一定期間行う場合（ただし、育児・介護のみを理由とする短時間・短日勤務は除く）。
　　　　②　正社員の一部が所定労働時間を恒常的、または期間を定めずに短くして働く場合。
　　　　③　正社員でないパートタイム労働者などが、短時間勤務の正社員になる場合。
出所）厚生労働省「平成 26 年　就業形態の多様化に関する総合実態調査の概況」より
　　　https://www.mhlw.go.jp/toukei/itiran/roudou/koyou/keitai/14/dl/gaikyo.pdf

著で、学歴と雇用形態との相関のみならず、学歴と賃金水準との相関も著しい。

　賃金水準のみならず、正規労働者と非正規労働者に適用される諸制度にも違いがみられる。非正規労働者には適用されにくい制度が数多く存在し、正規労働者と非正規労働者の制度適用上の格差も見受けられる（表2-1参照）。

　高度経済成長期には、男性が所属する企業の「企業内福祉」と専業主婦化した女性の手による「家庭内福祉」が、いわゆる勤労（サラリーマン）世帯における第一義的な生活保障であった。だがその前提自体が大きく揺らぎ、雇用の流動化が著しく進展していったのである。

## 2　家族の小規模化・多様化と家族の個人化

　経済のグローバル化とIT化の流れ、サービス産業の進展とその高度化、さらには雇用の不安定化が進捗する一方で、女性の経済的自立化も進み、生活スタイルの多様化、価値観の多様化等も進展した。また結婚して家族を形成することや、子どもを設けること、親と同居することも「個人の選択」に委ねられるようになってきたのである。

　サービス業が十分発展した消費社会の中では、シングルでいた方が気楽だとか、自分に合う結婚相手がみつかるまでは結婚は控えるとか、結婚後もDINKSのままでいた方が十分生活を楽しめるといったように、結婚や子どもを持つこと自体が家族の生活スタイルに関する「個人の選択」として位置づけられるようになってきた。また、不安定雇用の状況下では、家族や子どもを持つことや親と同居すること自体が「リスク」としても捉えられるようにもなってきた。結婚相手がいる、いない、結婚できる、できないといったような、家族の形成自体も個人の能力と機会に委ねられるようになってきたのである。

　かつて日本の福祉は、家族による支えを前提とした日本型福祉の展開を図ろうとしていた。つまり同居の家族を「福祉における含み資産」と考え、家族による相互の支え合いという家族主義的前提のうえに公的福祉制度の展開が図られていた。だがその前提自体が揺らぎ、リスク化していったのである。

　高度経済成長期以降の「同居」と「子育て」についての動向を国民生活基

礎調査からみてみると、「親と子夫婦世代との同居率」は1980年には52.5%であったが、46.7%（1986年）、11.4%（2016年）へと著しく減少している。また「三世代世帯とその他の親族世帯」を1986年と2016年で比べてみると21%から12.6%へと減少し、「夫婦と未婚の子のみの世帯」も41.4%から29.5%へと著しく減少してきていた。

　逆に増加してきた世帯は、「単独世帯」、「夫婦のみの世帯」、「ひとり親世帯」である。「単独世帯」は18.2%から26.8%へ、「夫婦のみの世帯」は11.8%から23.6%へ、「ひとり親世帯」は4.2%から7.2%へと増加してきていた。とりわけ「高齢者単独世帯」の増加が著しい。近年の高齢者単独世帯の増加は、高齢化の進展の中で、配偶者との死別を通じての単独世帯化ばかりではなく、生涯未婚率の増加にみられるように未婚を通じての単独世帯の増加でもある。また離婚を通じての単独世帯化もみられ、結婚の自由主義化と離婚の自由主義化の一つの表れであるともいえよう。

　また片働きと共働きを比べると、高度経済成長期には片働き世帯は共働き世帯の2倍以上みられていたが、1992年にその比率は逆転し、2017年には共働き世帯が23.6%、片働き世帯が12.7%と大きな開きを示している。片働き世帯の著しい減少と共働き世帯の著しい増加が進捗したのである。

　このように今日の家族は「家族の個人化」、「家族の小規模化と多様化」が進み、「家庭内福祉」の主たる担い手としての専業主婦の減少、さらには「福祉の含み資産としての同居家族」の縮小が進み、家族成員に福祉課題や生活課題が生じた時に家族からの支えが得にくい状況、あるいは特定の家族成員に過重な負担が降りかかるような在り方が進展していた。

　そうした「日本型福祉論」の前提が崩れ去る中、1990年代に入ると、少子高齢化の進展に伴い、高齢者領域や子ども領域においても、少子高齢社会対応型の福祉システム、すなわち地域ケアシステムの構築や地域子育て支援システムの構築が目指され始めた。そして2000年には要支援者や要介護者を地域において社会的に支えていく介護保険制度も実施されるようになった。また2000年の社会福祉基礎構造改革においては、措置制度の利用制度化が進められ、利用者と援助者の対等な関係の確立や、社会福祉における権利擁

護と相談支援体制の総合化の確保が強く求められるようになり、2005年の介護保険制度の改正では、地域包括支援の方向性が強く打ち出されたのである。

　多様な福祉ニーズを抱え始めた家族。以降の社会福祉は「私的介護」から「社会的介護」へ、「私的ケア」から地域における「社会的ケア」へと、地域を基盤とした制度への転換が図られていったのである。そして今日では、生活の場の拠点である住居の問題も含め、医療、介護、予防、生活支援連携と「住宅」を関連づけて、地域において包括的な相談・支援体制の確立を図ろうとする「地域包括ケアシステム」の構築が目指されている。

## 3　今日の家族と新たな住まい方

　家族の居住の場に関しても、近年新たな形態が生まれてきている。複数の世帯が独立した居住空間を持ちつつも、食事や保育などの共有スペースを合わせ持ち、生活の一部を共同化するコレクティブ・ハウジング、一つの家に複数の世帯や個人が一緒に住み、ある程度の独立性を確保しつつも、台所やトイレなどは共有で、生活全般をある程度共同化しているシェアード・ハウス、あるいはもっと積極的に、同じニーズや課題を抱えた者同士（高齢者同士、精神障害者同士、離婚した子連れの者同士等）が一つ屋根のもと相互に支え合い、協力し合って共同生活するグループ・リビング等の動きである。

　わが国の世帯構成は、従来、親族世帯が中心を占め、その中の核家族世帯が増加し、また近年はそれ以上に単独世帯の増加が著しい。だが国際比較等では、非親族世帯の比率が諸外国と比べてきわめて低いことが指摘されている。まだまだわが国の世帯構成は、親族中心主義の在り方が反映され、親族と生活するか単独での生活かという二者択一的な選択が支配的である。先のグループ・リビング等の動きは、ある意味で、一つ屋根の下での非親族との共同生活といいうる形態である。世帯の小規模化と多様化、そして単独世帯が増加する中、親族ではない者との横の連帯を通じての支え合い、こうした形式も徐々にではあるが主体的に選び取られ始めてきている。こうした非親族との共同生活、共同の住まい方を「家族」と呼びうるのかということに関しては様々な異論があろう。だがそこで生活する人にとっては、これらの集

団が家族と同様な意味を持っていることも事実である。

　婚姻関係を取り結んでいる男女と、婚姻関係を伴わない内縁関係や同棲関係との違いは、社会的承認を伴った社会的制度の中に入るかどうかの違いである。近年、西欧諸国の一部では同性婚も認められるようになってきており、生殖技術の発達や養子縁組等を通じて彼／彼女らが子どもを持つことも可能になってきている。また結婚の自由主義化（＝離婚の自由主義化）を通じて、結婚・離婚を繰り返す中で生まれてきたステップ家族もみられ、輻輳した夫婦関係、親子関係、兄弟関係を持ちながらも、相互に協力し合って生活している家族もみられる。

　戦後の家族の変動は、一般に「家族の解体」などともいわれ、直系家族をベースにした「家」制度の解体を通じての核家族化、そして近年は家族のさらなる小規模化と多様化である。それは個人や家族構成員の「家」からの独立を意味しているようにもみえる。言い換えるならば権威主義・集団主義から自由主義・個人主義へ向けての動きである。家族の小規模化と多様化、そしてシングル化や単独世帯化の進展、婚姻も個人と個人の結びつきとなり、冠婚葬祭やお墓も個人主義化・自由主義化されていった。またそれに応じて社会保障制度等の諸制度も、「世帯単位」の制度設計から徐々に「個人単位」の制度設計へと変更されつつある。そして近年は、個人をベースにした新たな住まい方、新たな絆、新たな連帯の形成が求められ、家族の多様な在り方や生き方が生み出されている。そこに形成される家族的な絆も、その構成員にとっては一つの家族といいうるのではないだろうか。ライフスタイルの選択の幅が広がり、多様な家族のライフコースが生み出されている。それゆえ今日の福祉は、多様化した家族のライフコースを支援するという視点や家族構成員一人ひとりの自己実現を可能にしうるような家族の再構造化へ向けての支援も必要とされてきているのである。

■引用・参考文献

足立叡・佐藤俊一・宮本和彦編著　1999年『新・社会福祉学』中央法規出版

厚生労働省　2013年「平成25年版　労働経済の分析」pp.85-89

厚生労働省「平成28年　国民生活基礎調査の概況」

　　https://www.mhlw.go.jp/toukei/saikin/hw/k-tyosa/k-tyosa16/dl/16.pdf（2018

　　年11月1日閲覧）

内閣府　2004年『平成16年版　少子化社会白書』ぎょうせい　p.13

夏刈康男・石井秀夫・宮本和彦編著　2006年『不確実な家族と現代』八千代出版

杉本貴代栄　1999年『ジェンダーで読む福祉社会』有斐閣選書

# 第3章　家族の多様化

　「あなたにとって家族とは何か」と尋ねられたら、みなさんはどのように答えるだろうか。それらの答えは、「大切な存在」、「家計を共同する人」、「衣食住をともにする人」など、人によって様々かと考える。家族とは、われわれがこの世に誕生してから初めて出会う人々であり、身近な存在であるといえる。また、ほとんどの人が何らかの家族との関わりを体験しているがゆえに、人それぞれの家族像や家族観などがあり、家族を客観的に捉えることが難しいともいえる。

## 第1節　家 族 と は

　家族を研究対象とする学問領域は、社会学に限らず、人類学、心理学、家政学、歴史学など、多方面にわたっている。

　これまでのわが国の家族社会学の領域において、比較的広く用いられている家族に関する概念を取り上げてみると、森岡清美は「家族とは、夫婦・親子・きょうだいなど少数の近親者を主要な成員とし、成員相互の深い感情的かかわりあいで結ばれた、幸福（well-being）追求の集団である」（森岡 1997：4）としている。この定義は、社会的に承認された夫婦関係を中心として、その間に生まれた子ども、あるいは親、きょうだいなどの近親者によって構成される小集団であること、深い感情的な関わりを特質とした幸せの実現を図るうえで重要な役割を果たす集団であることを表しているといえる。

　また、落合恵美子は、①家内領域と公共領域との分離、②家族構成員相互の強い情緒的関係、③子ども中心主義、④男は公共領域・女は家内領域という性別分業、⑤家族の集団性の強化、⑥社交の衰退とプライバシーの成立、⑦非親族の排除、⑧核家族といった8項目を提示して、戦後の家族の変動か

ら近代家族を特徴づけている（落合 2004：101-104）。

　さらに、山田昌弘は、人それぞれの家族というものに対するイメージ、つまり生計をともにするか否か、同居か否かなど、その人がどのような基準を家族とみなしているのかの実証調査に基づき、主観的家族像の分析・考察を加えて、個々人によっても異なる家族の多様性を明らかにしている（山田 1994：27-32）。

　このように、社会学領域における 1990 年代以降の家族の捉え方は、集団ではなく個人を単位として家族を分析する方法が定着しつつあるといえる。それらの家族論は、近代家族論や主観的家族論、構築主義的家族論など、個々人の主観や家族認識に焦点をあて、その多元性や多様性を抽出することを特徴としている（比較家族史学会 2015：12）。そのことにより、集団を単位として家族形態、家族機能や役割を問う従来の視点では捉えられなかった家族の多様性に焦点があてられるようになっている。

## 1　家族形態とは

　ここでは、基本的な家族形態に注目していきたい。家族形態とは、現に存在する家族の規模や構成を指す用語である。

　家族形態の分類方法には、家族規模（家族を構成するメンバーの数による分類：大家族、小家族）と家族構成（同居する世代の数による分類：一世代、二世代、三世代）、または同居する家族員の続柄による分類（核家族、拡大家族、あるいは夫婦家族、直系家族、複合家族）とがある（福祉士養成講座編集委員会 2003：35）。

　ここでは、社会学で比較的広く用いられている森岡清美の分類を参考に取り上げてみたい。家族は、家族構成に注目すると、一般的に３つに分類できる。また、一つの家族集団を形成しているメンバーの親族関係の範囲あるいは続柄によって示される（森岡 1997：16）。森岡によれば、①夫婦家族は、夫婦と未婚の子どもからなる。核家族が単独で存在する形態、②直系家族は、夫婦、一人の既婚者とその配偶者、および彼らの子どもからなる。２つの核家族が既婚子を要として、世代的に結合した形態、③複合家族は、夫婦、複数の既婚子と彼らの配偶者および子どもからなる。複数の既婚子が共属する定位家族を要として、複数の核家族が世代的および世代内的に結合した形態

である。

とはいえ、前述したように、こうした家族形態は、1990年代のグローバル化の流れの中で、捉え方が大きく変動している。宮坂靖子は、この変化を引き起こした重要な要因の一つが「個人化」であったこと、2000年以降、家族の個人化、ライフコースの多様化を背景に、未婚化・非婚化、晩産化・少子化、単独世帯の増加など、脱・家族化が一層顕著になってきていることを指摘している（宮坂 2018：3）。このような時代にあるからこそ、「家族とは何か」という家族の定義も変化して、さらなる展開期を迎えているといえる。

## 2　核家族化とは

核家族とは、夫婦と未婚の子からなる家族であり、拡大家族とは、核家族に親やきょうだいなどが同居する家族のことである。つまり、前述した森岡の定義に基づくと、夫婦家族および直系家族にあてはまるものである。

1949年にアメリカの文化人類学者のマードックは、人間社会に普遍的な基礎集団として核家族と名づけた。それらは、単独で存在するか、核家族が複数組み合わされた形態として複婚家族や拡大家族となって存在する。また、彼は、性・経済・生殖・教育という4つの社会的機能を家族の本源的機能として、これらの機能を担う最小の核的単位が核家族であるとした。こうした核家族普遍説と4機能説は、その後に批判の対象となるが、マードックの核家族という用語は世界的に採用されるようになったといえる（森岡 1997：10-11）。たとえば、私たち人間は、一生の間に2つの核家族に所属することが一般的である。まず、自分が生まれ育った核家族（父・母・きょうだいといった構成：定位家族）のもとで、子どもの養育と社会化がなされる。それに対して、結婚して作り上げる家族（夫・妻・子どもといった構成：生殖家族）は、個人が相手を選択し、子どもをいつ、何人産むのかなどを選択して、自分たちで家族を形成する。

その一方で、アメリカの社会学者であるオグバーンは、近代産業が勃興する以前の家族は、経済、地位付与、教育、保護、宗教、娯楽、愛情の7つの機能を担いかつ遂行したが、産業化の影響が家族機能の多くを失わせたと主張している（森岡 1997：169-170）。たとえば、現代の核家族化による祖父母の

子育て支援の低下などは、子どもの社会化に影響を及ぼすとともに、現代家族の教育機能の低下につながっているのではないだろうか。また、高齢期における核家族化がもたらす影響として、高齢者夫婦のみの世帯の老老介護や単独世帯の介護問題などが深刻化しているといえる。

　このように、家族機能は、私たち人間にとっての生命維持や生活維持といった基礎的な機能であるとともに、子どもの社会化と成人のパーソナリティの安定化、乳幼児や高齢者などに対するケア機能として重要である。しかしながら、現代社会の変化とともに、核家族化が進行し家族機能も変化しつつあり、それらを要因とした家族問題も顕在化してきている。今後はこうした家族機能を代替する社会的支援の整備と充実が求められるであろう。

## 第2節　家族形態の変化と核家族化

　ここでは、前述した家族形態の変化と核家族化の現状について捉えていきたい。厚生労働省の国民生活基礎調査をみると、2017（平成29）年の世帯総数は5042万5000世帯、一世帯あたりの平均世帯人員は2.47人となっている。また、平均世帯員数を時系列にみると、1953（昭和28）年の5.00人から1960（昭和35）年には4.13人となり、1986（昭和61）年には3.22人、2001（平成13）年には2.75人と急減している（表3-1参照）。

　さらに、国立社会保障・人口問題研究所「日本の世帯数の将来推計（全国推計）」2018（平成30）年によると、一般世帯総数は2015（平成27）年の5333万世帯から2023年の5419万世帯まで増加を続け、その後減少に転じるとされている。また、一般世帯の平均世帯人員のこれまでの変化と今後の推計をみると、平均世帯人員は、戦後ほぼ一貫して減少しており、1980（昭和55）年には3.22人であったものが、2015（平成27）年には2.33人、2040年には2.08人まで縮小すると予測されている。

　次に、厚生労働省の同調査結果から世帯構造別に世帯数の構成割合をみると、「夫婦と未婚の子のみの世帯」が1489万1000世帯（全世帯の29.5％）で最も多く、次いで「単独世帯」が1361万3000世帯（同27.0％）、「夫婦のみの世帯」が1209万6000世帯（同24.0％）となっている。また、「65歳以上の

表3-1　世帯数と平均世帯人員の年次推移

| 年次 | 総数 | 世帯構造 | | | | | | 世帯類型 | | | | 平均世帯人員 |
|---|---|---|---|---|---|---|---|---|---|---|---|---|
| | | 単独世帯 | 夫婦のみの世帯 | 夫婦と未婚の子のみの世帯 | ひとり親と未婚の子のみの世帯 | 三世代世帯 | その他の世帯 | 高齢者世帯 | 母子世帯 | 父子世帯 | その他の世帯 | |
| | | 推計数（単位：千世帯） | | | | | | | | | | （人） |
| 1986 | 37,544 | 6,826 | 5,401 | 15,525 | 1,908 | 5,757 | 2,127 | 2,362 | 600 | 115 | 34,468 | 3.22 |
| 1989 | 39,417 | 7,866 | 6,322 | 15,478 | 1,985 | 5,599 | 2,166 | 3,057 | 554 | 100 | 35,707 | 3.10 |
| 1992 | 41,210 | 8,974 | 7,071 | 15,247 | 1,998 | 5,390 | 2,529 | 3,688 | 480 | 86 | 36,957 | 2.99 |
| 1995 | 40,770 | 9,213 | 7,488 | 14,398 | 2,112 | 5,082 | 2,478 | 4,390 | 483 | 84 | 35,812 | 2.91 |
| 1998 | 44,496 | 10,627 | 8,781 | 14,951 | 2,364 | 5,125 | 2,648 | 5,614 | 502 | 78 | 38,302 | 2.81 |
| 2001 | 45,664 | 11,017 | 9,403 | 14,872 | 2,618 | 4,844 | 2,909 | 6,654 | 587 | 80 | 38,343 | 2.75 |
| 2004 | 46,323 | 10,817 | 10,161 | 15,125 | 2,774 | 4,512 | 2,934 | 7,874 | 627 | 90 | 37,732 | 2.72 |
| 2007 | 48,023 | 11,983 | 10,636 | 15,015 | 3,006 | 4,045 | 3,337 | 9,009 | 717 | 100 | 38,197 | 2.63 |
| 2010 | 48,638 | 12,386 | 10,994 | 14,922 | 3,180 | 3,835 | 3,320 | 10,207 | 708 | 77 | 37,646 | 2.59 |
| 2013 | 50,112 | 13,285 | 11,644 | 14,899 | 3,621 | 3,329 | 3,334 | 11,614 | 821 | 91 | 37,586 | 2.51 |
| 2014 | 50,431 | 13,662 | 11,748 | 14,546 | 3,576 | 3,464 | 3,435 | 12,214 | 732 | 101 | 37,384 | 2.49 |
| 2015 | 50,361 | 13,517 | 11,872 | 14,820 | 3,624 | 3,264 | 3,265 | 12,714 | 793 | 78 | 36,777 | 2.49 |
| 2016 | 49,945 | 13,434 | 11,850 | 14,744 | 3,640 | 2,947 | 3,330 | 13,271 | 712 | 91 | 35,871 | 2.47 |
| 2017 | 50,425 | 13,613 | 12,096 | 14,891 | 3,645 | 2,910 | 3,270 | 13,223 | 767 | 97 | 36,338 | 2.47 |
| | | 構成割合（単位：％） | | | | | | | | | | |
| 1986 | 100.0 | 18.2 | 14.4 | 41.4 | 5.1 | 15.3 | 5.7 | 6.3 | 1.6 | 0.3 | 91.8 | ・ |
| 1989 | 100.0 | 20.0 | 16.0 | 39.3 | 5.0 | 14.2 | 5.5 | 7.8 | 1.4 | 0.3 | 90.6 | ・ |
| 1992 | 100.0 | 21.8 | 17.2 | 37.0 | 4.8 | 13.1 | 6.1 | 8.9 | 1.2 | 0.2 | 89.7 | ・ |
| 1995 | 100.0 | 22.6 | 18.4 | 35.3 | 5.2 | 12.5 | 6.1 | 10.8 | 1.2 | 0.2 | 87.8 | ・ |
| 1998 | 100.0 | 23.9 | 19.7 | 33.6 | 5.3 | 11.5 | 6.0 | 12.6 | 1.1 | 0.2 | 86.1 | ・ |
| 2001 | 100.0 | 24.1 | 20.6 | 32.6 | 5.7 | 10.6 | 6.4 | 14.6 | 1.3 | 0.2 | 84.0 | ・ |
| 2004 | 100.0 | 23.4 | 21.9 | 32.7 | 6.0 | 9.7 | 6.3 | 17.0 | 1.4 | 0.2 | 81.5 | ・ |
| 2007 | 100.0 | 25.0 | 22.1 | 31.3 | 6.3 | 8.4 | 6.9 | 18.8 | 1.5 | 0.2 | 79.5 | ・ |
| 2010 | 100.0 | 25.5 | 22.6 | 30.7 | 6.5 | 7.9 | 6.8 | 21.0 | 1.5 | 0.2 | 77.4 | ・ |
| 2013 | 100.0 | 26.5 | 23.2 | 29.7 | 7.2 | 6.6 | 6.7 | 23.2 | 1.6 | 0.2 | 75.0 | ・ |
| 2014 | 100.0 | 27.1 | 23.3 | 28.8 | 7.1 | 6.9 | 6.8 | 24.2 | 1.5 | 0.2 | 74.1 | ・ |
| 2015 | 100.0 | 26.8 | 23.6 | 29.4 | 7.2 | 6.5 | 6.5 | 25.2 | 1.6 | 0.2 | 73.0 | ・ |
| 2016 | 100.0 | 26.9 | 23.7 | 29.5 | 7.3 | 5.9 | 6.7 | 26.6 | 1.4 | 0.2 | 71.8 | ・ |
| 2017 | 100.0 | 27.0 | 24.0 | 29.5 | 7.2 | 5.8 | 6.5 | 26.2 | 1.5 | 0.2 | 72.1 | ・ |

注1）1995年の数値は、兵庫県を除いたものである。
　　2）2016年の数値は、熊本県を除いたものである。
出所）厚生労働省「平成29年　国民生活基礎調査の概況」を一部改変

表 3-2 世帯構造別にみた 65 歳以上の者のいる世帯数の構成割合の年次推移

| 年次 | 65歳以上の者のいる世帯 | 全世帯に占める割合（%） | 単独世帯 | 夫婦のみの世帯 | 親と未婚の子のみの世帯 | 三世代世帯 | その他の世帯 | （再掲）65歳以上の者のみの世帯 |
|---|---|---|---|---|---|---|---|---|
| | | | 推計数（単位：千世帯） | | | | | |
| 1986 | 9,769 | (26.0) | 1,281 | 1,782 | 1,086 | 4,375 | 1,245 | 2,339 |
| 1989 | 10,774 | (27.3) | 1,592 | 2,257 | 1,260 | 4,385 | 1,280 | 3,035 |
| 1992 | 11,884 | (28.8) | 1,865 | 2,706 | 1,439 | 4,348 | 1,527 | 3,666 |
| 1995 | 12,695 | (31.1) | 2,199 | 3,075 | 1,636 | 4,232 | 1,553 | 4,370 |
| 1998 | 14,822 | (33.3) | 2,724 | 3,956 | 2,025 | 4,401 | 1,715 | 5,597 |
| 2001 | 16,367 | (35.8) | 3,179 | 4,545 | 2,563 | 4,179 | 1,902 | 6,636 |
| 2004 | 17,864 | (38.6) | 3,730 | 5,252 | 2,931 | 3,919 | 2,031 | 7,855 |
| 2007 | 19,263 | (40.1) | 4,326 | 5,732 | 3,418 | 3,528 | 2,260 | 8,986 |
| 2010 | 20,705 | (42.6) | 5,018 | 6,190 | 3,836 | 3,348 | 2,313 | 10,188 |
| 2013 | 22,420 | (44.7) | 5,730 | 6,974 | 4,442 | 2,953 | 2,321 | 11,594 |
| 2014 | 23,572 | (46.7) | 5,959 | 7,242 | 4,743 | 3,117 | 2,512 | 12,193 |
| 2015 | 23,724 | (47.1) | 6,243 | 7,469 | 4,704 | 2,906 | 2,402 | 12,688 |
| 2016 | 24,165 | (48.4) | 6,559 | 7,526 | 5,007 | 2,668 | 2,405 | 13,252 |
| 2017 | 23,787 | (47.2) | 6,274 | 7,731 | 4,734 | 2,621 | 2,427 | 13,197 |
| | | | 構成割合（単位：%） | | | | | |
| 1986 | 100.0 | ・ | 13.1 | 18.2 | 11.1 | 44.8 | 12.7 | 23.9 |
| 1989 | 100.0 | ・ | 14.8 | 20.9 | 11.7 | 40.7 | 11.9 | 28.2 |
| 1992 | 100.0 | ・ | 15.7 | 22.8 | 12.1 | 36.6 | 12.8 | 30.8 |
| 1995 | 100.0 | ・ | 17.3 | 24.2 | 12.9 | 33.3 | 12.2 | 34.4 |
| 1998 | 100.0 | ・ | 18.4 | 26.7 | 13.7 | 29.7 | 11.6 | 37.8 |
| 2001 | 100.0 | ・ | 19.4 | 27.8 | 15.7 | 25.5 | 11.6 | 40.5 |
| 2004 | 100.0 | ・ | 20.9 | 29.4 | 16.4 | 21.9 | 11.4 | 44.0 |
| 2007 | 100.0 | ・ | 22.5 | 29.8 | 17.7 | 18.3 | 11.7 | 46.6 |
| 2010 | 100.0 | ・ | 24.2 | 29.9 | 18.5 | 16.2 | 11.2 | 49.2 |
| 2013 | 100.0 | ・ | 25.6 | 31.1 | 19.8 | 13.2 | 10.4 | 51.7 |
| 2014 | 100.0 | ・ | 25.3 | 30.7 | 20.1 | 13.2 | 10.7 | 51.7 |
| 2015 | 100.0 | ・ | 26.3 | 31.5 | 19.8 | 12.2 | 10.1 | 53.5 |
| 2016 | 100.0 | ・ | 27.1 | 31.1 | 20.7 | 11.0 | 10.0 | 54.8 |
| 2017 | 100.0 | ・ | 26.4 | 32.5 | 19.9 | 11.0 | 10.2 | 55.5 |

注1）1995 年の数値は、兵庫県を除いたものである。
　2）2016 年の数値は、熊本県を除いたものである。
　3）「親と未婚の子のみの世帯」とは、「夫婦と未婚の子のみの世帯」および「ひとり親と未婚の子のみの世帯」をいう。
出所）厚生労働省「平成 29 年　国民生活基礎調査の概況」を一部改変

者のいる世帯」は 2378 万 7000 世帯（同 47.2%）を占めており、これを世帯構造別の構成割合からみると、「夫婦のみの世帯」が 773 万 1000 世帯（65 歳以上の者のいる世帯の 32.5%）で最も多く、次いで「単独世帯」が 627 万 4000 世帯（同 26.4%）、「親と未婚の子のみの世帯」が 473 万 4000 世帯（同 19.9%）、「三世代世帯」が 262 万 1000 世帯（同 11.0%）などの順となっている（表 3-2 参照）。

　さらに、国立社会保障・人口問題研究所の同推計をみると、2015（平成27）年から 2040 年の間に、世帯主が 65 歳以上の世帯は 1918 万世帯から2242 万世帯に、75 歳以上である世帯は 888 万世帯から 1217 万世帯に増加するとされている。こうした増加に伴い、全世帯主に占める 65 歳以上世帯主の割合は 36.0% から 44.2% に増加し、65 歳以上世帯主に占める 75 歳以上世帯の割合も 46.3% から 54.3% に増加すると予測されている。

　また、世帯主が 65 歳以上の世帯のうち、2015（平成 27）年から 2040 年の間に最も増加率が高い世帯類型は「単独世帯」の 1.43 倍、次いで「ひとり親と子」で 1.19 倍となっている。また、世帯主が 75 歳以上の世帯のうち、最も増加率が高い世帯は、「単独世帯」の 1.52 倍、次いで「ひとり親と子」で 1.40 倍となっている。

　以上の動向から、核家族化による世帯数の増加および平均世帯人員の減少、単独世帯つまりひとり世帯の増加といった家族形態の変化が読み取れた。また、65 歳以上の高齢者のいる世帯は全世帯の 47.2% であるが、その世帯構造をみると、夫婦のみの世帯が 65 歳以上の者のいる世帯のうち 32.5% と最も多く、単独世帯と合わせると、過半数を占めている。さらに、65 歳以上人口の 6 割近くを女性が占めていることから高齢者単身女性の介護といったジェンダーの視点も欠かせない。特に、高齢者夫婦のみの世帯の場合は老老介護の問題、高齢者のひとり世帯の場合は疾病・災害といった緊急時の世帯員相互のインフォーマルな支援が期待できないことから、家族を代替する地域や社会による支援などがより必要になると考えられる。

## 第 3 節　家族周期の変化とライフコース

　家族の多様性や家族形態の変化を考えるうえで、ライフサイクルやライフ

コースの視点は欠かせないといえる。

　ライフサイクルとは、生命を持つものの一生の生活にみられる循環ともいうべき規則的な推移である。家族周期とは、家族自体のライフサイクルであり、夫婦の結婚から始まる家族の形成、子どもの誕生・成長から離家・自立の過程、配偶者の死亡など、家族の発達段階における時間的展開の規則性を説明する枠組みとして発展したといえる。また、家族周期論は、主としてアメリカのソローキンやヒルなどによって展開されていった（森岡 1997：66-70）。

　ところが、1960年代から1970年代にかけて、アメリカでは離婚率が上昇し、子ども連れの離婚・再婚が多くなり、人々の現実の家族生活とモデルとの乖離が顕著になり始めた。このように、人の一生の規則的な推移、家族の集団性があいまいになったアメリカでは、1970年代にライフコースという概念が登場した。ライフコースとは、まず個人の人生行路に注目し、諸個人の相互依存の中に家族の展開を捉え直そうとする観点であり、エルダーは、諸個人が年齢相応の役割と出来事を経つつたどる人生行路であるとしている（森岡 1997：75-76）。

　このようなライフコースの視点は、家族が多様化している現在、たとえば結婚する年齢はもちろんのこと、結婚はしない生き方、社会的承認の手続きをしない事実婚など、多様な結婚や生き方を捉えていくうえで有効であるといえよう。また、それには、個人のライフコースの選択とともに、パートナーや家族の理解のうえでどのような役割、つまりお互いを尊重できるような関係性をいかに築いていけるのかが大切ではないだろうか。

## 第4節　多様な家族

　前述したように、ライフコースの視点からひとり親家族やステップ・ファミリーなどを捉えることは有効であろう。それは、ひとり親になる過程、ステップ・ファミリーになる過程自体も一様ではないといえるからである。

　岩上真珠は、これまで結婚し、かつ子どもを産むことが前提であって、夫婦ともに平均寿命を全うするといった典型的な核家族のモデル・コースから、家族には様々な形、経験の順序や時期などがあり、多様性として容認される

ようになってきていることを指摘している。また、とりわけ欧米社会では、ひとり親家族、ステップ・ファミリー、養子家族、ホモセクシャルの「夫婦」、ひとり親家族と親のパートナーなど、多様な家族の形を、差別や偏見なしに、固有のライフスタイルとして社会的に受け入れていこうとする潮流になってきているとしている（岩上 2014：52-53）。

## 1　家族の個人化

　こうした家族の多様化の背景には、どのような理由があるのであろうか。それらの理由には、家族の個人化や家族意識の変化が考えられる。

　個人化とは、あらゆる社会のシステムにおいて、個人を単位とすることが拡大することである。たとえば、結婚相手や結婚時期は当事者の自由な選択、また出産についても、産むか産まないか、いつ、何人産むかは、当事者である女性の決定、さらに家族関係の維持もまた個人の感情と意思に委ねられる。つまり、家族の個人化とは、家族に関わる行為の決定が個人の意思に基づいて行われるようになることであり、したがって、家族の在り方や維持は、「家族」を形成するそれぞれの個人の「生き方」と密接に関わり合うことになる（岩上 2004：92-93）。こうした家族の個人化は、われわれの家族意識、つまり家族生活と家族制度について個人が持つ意識にどのような変化をもたらすのであろうか。

　最近の結婚動向を厚生労働省「人口動態統計」からみると、1970（昭和45）年の平均初婚年齢は夫 26.9 歳、妻 24.2 歳であったが、2015（平成27）年では夫 31.1 歳、妻 29.4 歳であり、ここ 45 年間で夫 4.2 歳、妻 5.2 歳と初婚年齢が遅くなり、晩婚化が進行している。また、総務省の国勢調査から生涯未婚率（45〜49 歳と 50〜54 歳の未婚率の平均値で、50 歳時の未婚率を示す）をみると、これまで 2％未満で推移してきたものが、女性は 1970（昭和45）年から、男性は 1980（昭和55）年から上昇を始め、2000（平成12）年時点で男性 12.6％、女性 5.8％と未婚化が顕著である。これらの要因には、女性の高学歴化や社会進出などが考えられるが、個人化の進行、パラサイト・シングル現象（学卒後も親に基本的生活を依存して、リッチな生活を楽しむ未婚者）、結婚に対する意識の変化などの影響も大きいと考えられる（山田 2004：125-126）。つまり、個人

化の進行とともに、男女の役割関係や家族意識に変化がみられるといえる。

　また、湯沢雍彦は、1975（昭和50）年の結婚は初婚者同士が87％を占めていたが、平成に入って、一方の再婚（夫の場合がやや多い）とともに双方の再婚の組み合わせが増えて、2005（平成17）年から初婚同士の組み合わせは75％を割っている。さらに、再婚の場合の法律上の氏（戸籍上の名字）については、夫婦とも初婚の場合には昔ながらの「夫の氏」になるケースが97.3％（2005年）と圧倒的に多く、「妻の氏」は2.7％にすぎないのに対して、「妻の氏」を称する婚姻が、妻再婚の場合が6.6％、夫再婚の場合が4.7％、再婚同士の場合には9.0％に達するとしている。つまり、この25年間において再婚の増加が目立っており、4組に1組が再婚者であること、そして子連れで再婚する妻と子のために、その姓を変えないようにしたいという思いやりが強まったことを指摘している（湯沢 2014：44）。

　このような結婚の在り方が変化しつつある現在では、結婚する年齢や回数はもちろんのこと、結婚はしない生き方、社会的承認の手続きをしない事実婚など、個人化と多様な結婚の形に関連性が生じていると考えられるであろう。

## 2　家族意識の変化

　次に、わが国の性別役割分業の現状について分析・考察を加えてみたい。性別役割分業とは、夫である男性が家庭の外で有償労働に従事して妻子を扶養し、妻である女性は家庭内の育児・家事・介護などの無償労働に従事して、有償労働と無償労働を分担する形態のことをいう（国立女性教育会館・伊藤 2012：202）。

　2016（平成28）年の内閣府「男女共同参画社会に関する世論調査」の結果から「夫は外で働き、妻は家庭を守るべきである」という考え方に対する意識をみると、「反対」（女性：21.5％、男性：17.2％）と「どちらかといえば反対」（女性：37.0％、男性：32.2％）を合計すると、女性58.5％、男性49.4％となっている。これらの結果から、男女ともに反対の割合が賛成の割合を上回りつつあることから、そこにジェンダー差が読み取れるとともに、性別役割分業の意識が揺らいでいることを示唆しているともいえる。

　とはいえ、わが国の場合、仕事と生活の調和に対する希望では、男女ともに「仕事」と「家庭生活」の両立を望む傾向にある一方で、現実には男性は「仕事」、女性は「家庭生活」が優先傾向にあるといった希望と現実とのギャップが指摘されている（菊池 2016：90-98）。今後は、夫婦間の役割の在り方、国がワーク・ライフ・バランスの推進に向けた取組みとして掲げるような関係省庁の施策、関係団体などとの連携も重要であるが、企業・団体の取組みと周知、企業経営者・管理職などに向けた「イクボス（男性の育児参加に理解のある上司）」セミナーを開催するなどの企業におけるワーク・ライフ・バランスについての理解と促進を図ることが最重要課題となるであろう。

　こうした私たちが「当たり前」のように感じてすごしている日常社会を改めて見つめ直してみることにより、徐々に家族が多様化していることが読み取れた。とはいえ、女性の場合は出産・育児・介護が仕事へ及ぼす影響は大きいこと、男性の場合は長時間で過密な労働によって家事・育児・介護に時間を費やすことができないことなどの課題も浮き彫りとなるといえよう。

## 第5節　家族を支える社会保障・福祉

　わが国の社会保障制度においては、結婚して子どもを産み育て、子どもが自立後は夫婦で暮らすというライフコースを典型として制度の仕組みなどを構築してきたものが多いといえる。しかし、前述してきた通り、平均世帯人員数は戦後ほぼ一貫して減少傾向にあり、家族形態についても、「夫婦と未婚の子のみの世帯」の割合が低下し、「夫婦のみの世帯」や「単独世帯」が増加している。また、家族の個人化の進行とともに、結婚する年齢はもちろんのこと、結婚はしない生き方、子どもを産む・産まないなど、多様な家族の形が考えられる。さらには、離婚後のシングル・マザーや再婚同士の家族であるステップ・ファミリーなど、多様な家族形態に応じた社会保障・福祉制度の構築が求められるであろう。

　たとえば、国勢調査によると、2015（平成27）年10月現在で、母（父）子世帯（未婚、死別または離別の女〔男〕親と、その未婚の20歳未満の子どものみからな

る一般世帯〔他の世帯員がいないもの〕）は、母子世帯75万4724世帯、父子世帯8万4003世帯となっている（なお、国勢調査の場合、実家で親と同居している場合などはカウントされない）。そのような中で近年の課題を挙げてみると、母子世帯の母の預貯金額は、「50万円未満」が39.7％と最も多くなっており、経済的には、相対的貧困率が50％を超えるなど、特に母子家庭が厳しい状況にある場合が多く、子どもの貧困問題が深刻化している。

　社会保障における福祉・介護は、高齢者、障害者、児童、低所得者などに対して、その生活支援のため、相談に応じるとともにサービスの提供や手当の支給などを行うものである。また、支援を必要とする者の状況をよく把握して、ニーズに適したサービスの提供などを行うことも必要になる（厚生労働統計協会 2018：49）。つまり、その人自身の身体的・精神的状況だけでなく、なぜそのような状況に立ち至ったか、あるいはどのような家庭環境や社会的状況に置かれているのかなど、個別性・多様性に配慮したサービスの提供が求められるといえよう。


　以上、本章では、家族の概念の変遷とともに、現状の家族形態の変化から多様な家族の現状と課題について分析・考察を加えてきた。1980年代以降の集団から個人へと位置づけが変化する中では、日本の家族研究においても個人やジェンダーの視点から社会の枠組みを問い直す動きが活発化した。そして、1990年代に入ると、他の先進社会と同様に、福祉や政策の視点からも多くのアプローチが試みられるようになっている。とはいえ、岩上真珠が指摘するように、日本の場合には、「家」的な伝統が依然として家族規範や意識のあちこちに残っていること、社会の基本的な理念として個人主義がしっかりと根づいているとはいいがたいことから、個人の権利や責任、男女の平等性に関しては、欧米の認識とはまだかなり開きがあるといえる（岩上 2013：215）。

　今後は、多様なライフコースの尊重や家族の尊厳を柱に、個人の生き方を支えるシステムとともに、将来予測されているひとり世帯の増加に向けた社会保障制度の仕組みや運営、介護保険をはじめとした支援などの整備が重要

となるであろう。また、2015（平成27）年6月、厚生労働省において「新たな福祉サービスのシステム等のあり方検討プロジェクトチーム」が設置されたのを皮切りに、福祉ニーズの多様化や課題の複合化・複雑化などを背景とした取組みが行われている。そして、制度・分野ごとの「縦割り」や「支え手」、「受け手」という関係を超えて、地域住民や地域の多様な主体が、地域の課題に対し、「わが事」として参画し、世代や分野を超えて「丸ごと」つながることで、これからの地域を作っていこうとする「地域共生社会」の実現に向けた取組みが進められている（社会保障入門編集委員会 2018：48-49）。つまり、フォーマル・ケアとインフォーマル・ケアの両面からの支援が必要不可欠といえる。たとえば、少子高齢社会における様々な社会問題の解決には、祖父母など子育てや介護経験を持った人々の協力、身近な地域社会の人々の理解と協力による育児や介護のネットワーク化などのインフォーマルな支援も課題となるのではないだろうか。また、一人暮らし、あるいは家族がいても支援が十分期待できず、地域から孤立している子どもや高齢者に対して、住民相互で支援活動を行うなどの地域住民のつながりを再構築し、支え合う体制を実現していくことが重要となるであろう。

■引用・参考文献

藤崎宏子 1998年『現代家族問題シリーズ4　高齢者・家族・社会的ネットワーク』培風館

福祉士養成講座編集委員会編 2003年『社会福祉士養成講座11　社会学』中央法規出版

比較家族史学会編 2015年『現代家族ペディア』弘文堂

岩上真珠 2004年「家族の個人化」清水浩昭・森謙二・岩上真珠・山田昌弘編『家族革命』弘文堂

岩上真珠 2013年『ライフコースとジェンダーで読む家族（第3版）』有斐閣コンパクト

岩上真珠 2014年「多様化する家族のかたち」宮本みち子・岩上真珠編著『リスク社会のライフデザイン―変わりゆく家族をみすえて』放送大学教育振興会

菊池真弓 2016年「ジェンダーの視点からみた育児と介護」清水浩昭・工藤豪・

菊池真弓・張燕妹『少子高齢化社会を生きる』人間の科学新社

菊池真弓 2018 年「現代家族の変容と課題」久門道利・杉座秀親編『社会福祉士シリーズ 3　社会理論と社会システム（第 3 版）』弘文堂

国立女性教育会館・伊藤陽一編 2012 年『男女共同参画統計データブック 2012』ぎょうせい

厚生労働省 2018 年「平成 29 年　国民生活基礎調査の概況」

厚生労働統計協会 2018 年『国民の福祉と介護の動向』厚生労働統計協会

厚生労働省 各年「人口動態統計」

松信ひろみ編著 2016 年『近代家族のゆらぎと新しい家族のかたち（第 2 版）』八千代出版

宮坂靖子 2018 年「家族についての定義、FI／主観的家族」日本家政学会編『現代家族を読み解く 12 章』丸善出版

森岡清美・青井和夫編 1987 年『現代日本人のライフコース』学術選書

森岡清美・望月嵩 1997 年『新しい家族社会学（四訂版）』培風館

マードック，G. P. 内藤莞爾監訳 1978 年『社会構造─核家族の社会人類学』新泉社

内閣府 2016 年「男女共同参画社会に関する世論調査」

落合恵美子 2004 年『21 世紀家族へ─家族の戦後体制の見かた・超えかた（第 3 版）』有斐閣選書

社会保障入門編集委員会編 2018 年『社会保障入門 2018』中央法規出版

清水浩昭編 2008 年『家族社会学へのいざない』岩田書院

総務省 各年「国勢調査」

山田昌弘 1994 年『近代家族のゆくえ─家族と愛情のパラドックス』新曜社

山田昌弘 2004 年「恋愛と結婚」清水浩昭・森謙二・岩上真珠・山田昌弘編『家族革命』弘文堂

湯沢雍彦 2014 年『データで読む平成期の家族問題　四半世紀で昭和とどう変わったか』朝日選書

# 第4章　人口構成の変容

## 第1節　人口構成の推移

　人口構成は、0歳から14歳までの年少人口、15歳から64歳までの生産年齢人口、65歳以上の高齢者人口（老年人口）と3つに分けてみることが多い。図4-1に示した日本の人口ピラミッドでは、高齢者人口を、65歳から74歳までの前期高齢者と75歳以上の後期高齢者とに細分化して示している。1965年は年少人口と生産年齢人口の下部が多く、高齢者人口が少ない、三角形に近い形であったが、2015年は年少人口が減少し、生産年齢人口の中間部が多く、高齢者人口も増加し、ひし形のような形に変化している。2040年はさらに年少人口が減少し、生産年齢人口の上部と前期高齢者人口が多く、コーンに入ったアイスクリームのような形となり、2065年は女性の後期高齢者人口が多くなるが、2040年のものと比べて全体的に厚みがなくなった形となると推計されている（図4-1）。

　このように人口ピラミッドで示されるように、日本の人口構成は変化している。その変化を表す言葉で、社会的に取り組むべき課題であるのが、高齢化と少子化、そして人口減少である。これらをみていくこととしよう。

## 第2節　高齢化の進展

　日本で高齢者に対する福祉施策が始まったのは、1963（昭和38）年の老人福祉法以降である。国勢調査によると1960年の総人口に対する65歳以上の人口比（高齢化率）は5.7％で、高齢者の福祉施策は、その後の高齢化への対応に着手し始めたものである。高齢化率が7％以上を高齢化社会、14％以上を高齢社会と呼ぶが、日本の高齢化率が7％を超えたのは1970年で、14％

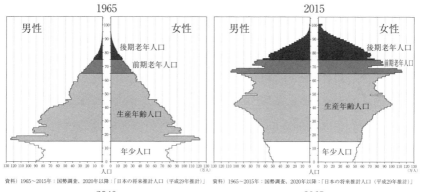

資料）1965～2015年：国勢調査、2020年以降は「日本の将来推計人口（平成29年推計）」　　資料）1965～2015年：国勢調査、2020年以降は「日本の将来推計人口（平成29年推計）」

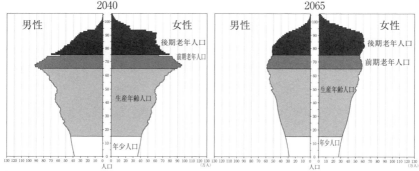

資料）1965～2015年：国勢調査、2020年以降は「日本の将来推計人口（平成29年推計）」　　資料）1965～2015年：国勢調査、2020年以降は「日本の将来推計人口（平成29年推計）」
　　　（出生中位〔死亡中位〕推計）　　　　　　　　　　　　　　　　　　　　　　　　　　　　（出生中位〔死亡中位〕推計）

**図 4-1　日本の人口ピラミッドの推移**

出所）国立社会保障・人口問題研究所「日本の将来推計人口　平成 29 年推計」
　　　1965 年：http://www.ipss.go.jp/site-ad/TopPageData/1965.png を加工して作成
　　　2015 年：http://www.ipss.go.jp/site-ad/TopPageData/2015.png を加工して作成
　　　2040 年：http://www.ipss.go.jp/site-ad/TopPageData/2040.png を加工して作成
　　　2065 年：http://www.ipss.go.jp/site-ad/TopPageData/2065.png を加工して作成

を超えたのは 1994 年であった。わずか 24 年間で高齢化率が 7％から 14％へ
と上昇したのは、欧米諸国と比べてかなり短いのが特徴である。

　2016 年の日本の高齢化率は 27.7％である。これまでの高齢化には主たる 3
つの要因が考えられる。まず、戦後の復興の中で、法制度の整備も併せて医
療・衛生水準が向上し、また経済発展によって国民の生活水準も向上した。
それが世界でも高水準の平均寿命となった主たる要因であり、高齢化の一要
因でもある。また戦後のベビーブームに生まれた、いわゆる団塊の世代は人

口構成からみても大きな集団であるが、その集団が高齢期に入ったことも高齢化の一要因である。もう一つの要因は、少子化の進行による若年人口の減少により、相対的に高齢者が多くなったことである。

　高齢化の進展とともに、世帯構造にも変化が表れている。近年では、三世代世帯が減少し、核家族世帯や単独世帯が増加しているが、高齢者のいる世

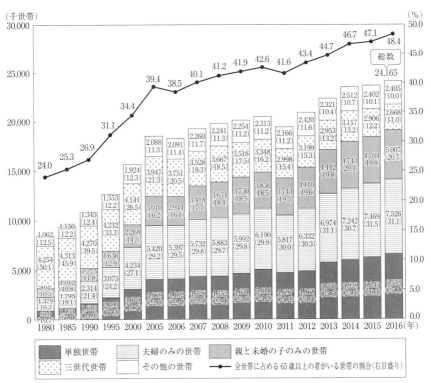

**図 4-2　65 歳以上の者のいる世帯数および構成割合（世帯構造別）と全世帯に占める 65 歳以上の者のいる世帯の割合**

注 1）　1995 年の数値は兵庫県を除いたもの、2011 年の数値は岩手県、宮城県及び福島県を除いたもの、2012 年の数値は福島県を除いたもの、2016 年の数値は熊本県を除いたものである。

　　2）　（ ）内の数字は、65 歳以上の者のいる世帯総数に占める割合（％）。

　　3）　四捨五入のため合計は必ずしも一致しない。

資料）　1985 年以前の数値は厚生省「厚生行政基礎調査」、1986 年以降の数値は厚生労働省「国民生活基礎調査」による。

出所）　内閣府『平成 30 年版　高齢社会白書』p.8

帯においてもその傾向がみられる。2005（平成17）年以降は、高齢者の半数以上が単独世帯もしくは夫婦のみの世帯である（図4-2）。特に単独世帯が急増しており、国勢調査によると、2015（平成27）年には男性高齢者の13.3%、女性高齢者の21.1%が一人暮らしをしている。

　高齢化への対策として展開されたものの一つに、2000（平成12）年から運用されている介護保険制度がある。もともと高齢者の介護は家族がするものと考えられていた。だが、産業構造の変化に伴い、生産年齢人口層が都市部へ流入し、親との物理的な距離ができたこと、また介護の主な担い手である女性の社会進出に伴い、介護を担う人材が家族の中では得にくくなったことで、家庭内の福祉ストックを前提とした家族福祉が困難となったことが制度発足の背景の一つである。介護保険制度は3年ごとに見直しがされており、2011（平成23）年度以降は、「重度な要介護者となっても住み慣れた地域で自分らしい暮らしを最後まで続けることができるよう、医療・介護・予防・住まい・生活支援が一体的に提供される」とした地域包括ケアシステムの構築が主要な項目となっている。高齢者のみの世帯や高齢者単独世帯であっても安心して生活できるよう、包括的な支援の展開が図られている。

## 第3節　少子化の進展

　高齢化の対となる状況として課題となっているのが少子化である。人口動態統計によると、日本の年間の出生数は、第一次ベビーブーム期には約270万人、第二次ベビーブーム期には約210万人であったが、1975（昭和50）年に200万人を割り込み、それ以降、毎年減少し、1984（昭和59）年には150万人を割り込んだ。1991（平成3）年以降はゆるやかな減少傾向であるが、2016（平成28）年には97万6978人となり、1899（明治32）年の統計開始以来、初めて100万人を割った。

　合計特殊出生率の推移でみると、第一次ベビーブーム期には4.3を超えていたが、1950（昭和25）年以降急激に低下した。その後、ほぼ2.1台で推移していたが、1975（昭和50）年に2.0を下回ってから再び低下傾向となった。1989（平成元）年にはそれまで最低であった1966（昭和41）年（丙午：ひのえう

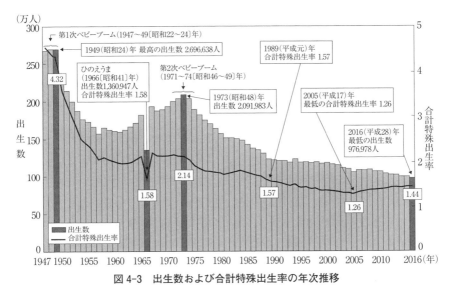

**図 4-3　出生数および合計特殊出生率の年次推移**

出所) 内閣府『平成 30 年版　少子化社会対策白書』p.6

ま) の 1.58 を下回る 1.57 を記録し、さらに、2005（平成 17）年には過去最低
である 1.26 まで落ち込んだ。近年は微増傾向が続いていたが、2016（平成
28）年は、1.44 と前年より 0.01 ポイント下回った（図 4-3）。

　少子化の背景には、晩婚化と晩産化がある。日本では欧米諸国と比べて婚
外子の割合が低いので、少子化の背景を考えるうえでは、結婚についてもみ
ていく必要がある。国勢調査の結果から女性の未婚率をみていくと、1970
年代後半以降に 20 代を中心に、1980 年代以降には 30 代以上においても上
昇がみられる。人口動態統計によると、女性の平均初婚年齢は、1960 年代
から 1970 年代にかけて 24 歳台で推移していたが、1977（昭和 52）年に 25 歳、
1992（平成 4）年に 26 歳、2000（平成 12）年に 27 歳、2005（平成 17）年に 28 歳、
2011（平成 23）年に 29 歳と上昇傾向にある。それに伴い、第 1 子出生時の母
親の年齢も 2000 年に 28 歳、2011 年に 30 歳を超え、上昇傾向にある。

　また出生動向基本調査（夫婦調査）（国立社会保障・人口問題研究所 2017a）の結
果をいくつか取り上げていこう。まず夫婦に尋ねた理想的な子どもの数（理

想子ども数）については、1987（昭和 62）年から低下傾向にあり、2015（平成 27）年は 2.32 人と、過去最低を更新している。また、夫婦が実際に持つつもりの子どもの数（予定子ども数）も、過去最低である 2.01 人となっている。予定子どもの数が理想子どもの数を下回る夫婦にとって、理想の子ども数を持たない最大の理由は「子育てや教育にお金がかかりすぎるから」であり、30代前半ではこの理由が 8 割を超えている。さらに夫婦が実際に産み育てた子どもの数（完結出生児数）をみると、1970 年代から 2002（平成 14）年まで 2.2人前後で推移していたが、2005（平成 17）年から減少傾向となり、2015（平成 27）年には 1.94 人と、過去最低となっている。

　同じく出生動向基本調査によると、2010（平成 22）年から 2014（平成 26）年に第 1 子を出産した有職の既婚女性のうち、出産後も就業を継続した女性が初めて半数を超えた。第 2 子以降を出生するかどうかについては、夫の育児への関与の有無が影響する一要因であると示したのは、21 世紀成年者縦断調査である。この調査結果によると、夫の休日の家事・育児時間が長ければ、第 2 子以降の出生がある割合が高くなる傾向にあるが、子育て世代である 30 代から 40 代の男性は、長時間労働をしている割合が高いことも示している。雇用均等基本調査によれば、2017 年度の男性の育児休業取得率は 5％余りである。6 歳未満の子どもを持つ夫の家事・育児関連時間を国際比較した調査（内閣府 2018a）によると、日本の夫の育児時間は他の国との差はあまりないが、家事と併せると先進国中最低の水準である。

　また国勢調査の結果によれば、女性の生涯未婚率は 2010 年に 10％超となり、上昇傾向にある。また男性の生涯未婚率が 1970 年以降、上昇し続けていたが、1990 年以降急上昇し、2010 年には 20％超となっている。これらの数値から非婚化の傾向もみえてくる。

　しかしながら男女ともに結婚に対して「いずれしたい」と考えている人が 85％以上いると出生動向基本調査（独身者調査）で示されている。結婚したいが独身でいる理由で一番多いのは、男女ともに「適当な相手にめぐり合えない」であるが、「結婚資金が足りない」ことを理由にする傾向もみられる。就業構造基本調査によると、実際に就労形態や年収による差も出ている。30

～34 歳の男性の就労形態別有配偶率（2012 年時点）をみると、正社員では
57.8％、非典型雇用では 23.3％、非典型雇用のうちパート・アルバイトでは
13.6％と、就労形態の違いにより配偶者のいる割合が大きく異なっている。
さらに、25 歳から 39 歳までのいずれの年齢層においても、男性の年収が高
い人ほど配偶者のいる割合が概ね高い傾向にあることもわかっている。

　少子化の背景には、女性の社会進出により晩婚化・晩産化が進んだことが
指摘されやすい。しかし、不安定な雇用形態で働かざるをえない若年層は、
結婚や子どもを持つことが難しいと考えてしまっている。また結婚し子ども
を持ったとしても、性別役割分業を前提とした社会風土により、家事・育児
に関する夫婦間の負担のアンバランスが生じている。そうしたことも影響し
ているのである。

　少子化対策としては、1994（平成 6）年のエンゼルプランから始まり、2003
（平成 15）年には少子化社会対策基本法と次世代育成支援対策推進法が成立し
た。さらに 2012（平成 24）年には子ども・子育て関連三法が成立し、2015（平
成 27）年度からは子ども・子育て支援新制度が本格施行された。当初は働く
母親と子どもを対象としていたが、現在ではすべての子どもと子育て家庭を
対象とし、国や自治体、企業が取組みの主体となり、社会全体で支えていく
体制を目指している。

## 第 4 節　2065 年までの日本の人口予測

### 1　総人口の推移

　日本の人口は 2005（平成 17）年を境に、死亡数が出生数を上回り、総人口
が減少に転ずる人口減少社会が到来した。これは人口動態の統計を取り始め
て以来、初めてのことである。2015（平成 27）年の国勢調査によれば、日本
の総人口は 1 億 2709 万人であるが、「日本の将来推計人口」（国立社会保障・
人口問題研究所 2017b）（以下、「全国推計人口」）における出生中位・死亡中位推
計によれば、2040 年に 1 億 1092 万人、2053 年に 9924 万人、2065 年に 8808
万人になると推計される。2012（平成 24）年に公表された推計と比較すると、
人口減少の速度や高齢化の進行度合いは緩和しているものの、長期的には、

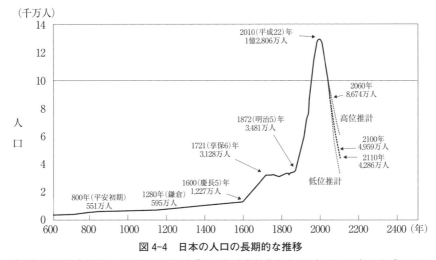

（千万人）

図 4-4　日本の人口の長期的な推移

資料）国立社会保障・人口問題研究所「人口統計資料集」（1846 年までは鬼頭宏「人口か
　　　ら読む日本の歴史」、1847〜1870 年は森田優三「人口増加の分析」、1872〜1919 年
　　　は内閣統計局「明治五年以降我国の人口」、1920〜2010 年は総務省統計局「国勢調
　　　査」、「推計人口」）2011〜2110 年は国立社会保障・人口問題研究所「日本の将来推
　　　計人口」（平成 24 年 1 月推計［死亡中位推計］）。
出所）厚生労働省「中央社会保険医療協議会 総会（第 347 回）医療と介護の連携に関す
　　　る意見交換について　参考 1」p.2（一部加筆）
　　　https://www.mhlw.go.jp/file/05-Shingikai-12404000-Hokenkyoku-Iryou-
　　　ka/0000155222.pdf

明治以降急増した人口が、今後急激に減少するということを意味している（図
4-4）。以下、推計人口は出生中位・死亡中位の仮定に基づくものを示しておく。
　2010（平成 22）年から 2015（平成 27）年までの都道府県別の総人口の推移
を国勢調査の結果からみると、39 道府県で総人口が減少している。市区町
村別でみても、1367 市区町村（全市区町村の 81.3％）で総人口が減少している。
その後の人口動向を「日本の地域別将来推計人口」（国立社会保障・人口問題研
究所 2018）（以下、「地域別推計人口」）でみていくと、2015（平成 27）年から 2020
年にかけては 42 道府県で総人口が減少し、2020 年から 2025 年および 2025
年から 2030 年にかけては東京都および沖縄県を除く 45 道府県で総人口が減
少し、2030 年から 2035 年にかけては、すべての都道府県で総人口が減少す

ると推計されている。市区町村別では2045年の総人口が2015年の総人口に
対して2割以上減少するのは、全市町村の73.9％（1243市区町村）で、このう
ちの19.9％（334市区町村）では半分以下になるという推計を示している。逆
に南関東と沖縄では、2015年と比べて2045年の総人口が増加すると推計さ
れる市区町村もある。

　地域別の人口減少は3つの段階を経て進む。第1段階は「老年人口が増加

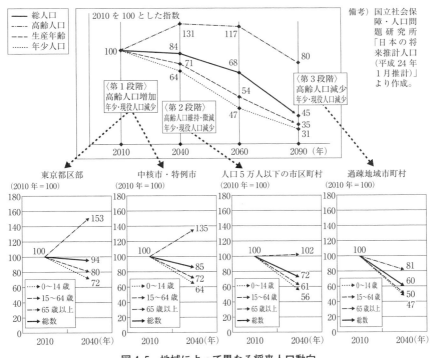

図4-5　地域によって異なる将来人口動向

注1）国立社会保障・人口問題研究所「日本の地域別将来推計人口　平成25年3月推計」
　　　より作成。
　2）上記地域別将来推計人口の推計対象となっている市区町村について、カテゴリー（人
　　　口5万人以下の市区町村は2010年の人口規模、中核市・特例市は2014年4月1日
　　　現在、過疎地域市町村は2014年4月5日現在でみたもの）ごとに総計を求め、2010
　　　年の人口を100とし、2040年の人口を指数化したもの。
資料）内閣官房まち・ひと・しごと創生本部事務局「まち・ひと・しごと創生長期ビジョ
　　　ン参考資料集」。
出所）厚生労働省『平成27年版　厚生労働白書』p.12

するが、生産・年少人口が減少する」、第2段階は「老年人口は維持もしく
は微減し、生産・年少人口は減少する」、第3段階は「老年人口が減少し、
生産・年少人口も減少する」、というものである。これを今後の日本の総人
口の変化でみると、2010（平成22）年から2040年は「第1段階」にあり、
2040年から2060年に「第2段階」、2060年以降に「第3段階」を迎えるも
のと見込まれている。2012年の「地域別推計人口」でみると、2010年から
2040年において、東京都区部や中核市・特例市は「第1段階」にあるが、
人口5万人以下の地方都市は「第2段階」、過疎地域の市町村は「第3段階」
に入ると考えられる（厚生労働省 2016）（図4-5）。

　また2015（平成27）年の国勢調査の結果によると、全国の総人口に占める
割合が最大だったのが東京都（10.6％）で、それに神奈川県（7.2％）、大阪府
（7.0％）と続いている。うち東京都、神奈川県に加えて埼玉県、千葉県から
なる南関東の1都3県をみていくと、その総人口の合計は3643万9000人で
あり、全国の総人口の28.4％を占めるものであった。「地域別推計人口」で
2015年と2045年の総人口比の推移をみると、ほとんどの地域において、横
ばいないしは小さくなると考えられている。唯一の例外が南関東の1都3県
であり、この地域の総人口は全国の総人口の31.8％を占めると推計され、
2015年を上回る値である。これらは東京とその周辺の3県からなる南関東
に人口が集中し続けることを意味している。

## 2　年齢区分別人口の推移

　**1）年少人口**　　日本人の出生数の減少に伴い、年少人口（外国人を含む総
人口）は1980年代はじめの2700万人規模から2015年の1595万人まで減少
したことが国勢調査の結果から明らかである。その後も減少を続け、「全国
推計人口」によると、2056年には1000万人を割り、2065年には898万人の
規模になるものと推計される。この数値は、現在の年少人口の半分程度にな
ることを意味し、2065年に推計される総人口の10.2％にあたる。

　また「地域別推計人口」によると、年少人口の割合が10％未満の市区町
村は、2015（平成27）年では324市区町村（全市区町村の19.3％）であったが、
2045年には942市区町村（同56.0％）へ増加し、年少人口の割合が14％以上

の市区町村は 279 市区町村（同 16.6％）から 90 市区町村（同 5.4％）へ減少すると推計されている。

**2）生産年齢人口**　生産年齢人口は、国勢調査によると戦後一貫して増加を続け、1995（平成 7）年の 8726 万人をピークに減少し、2015（平成 27）年には 7728 万人となった。「全国推計人口」によると、出生数の低下の影響を受け、2029 年に 7000 万人を割り、2065 年には 4529 万人となると推計されている。生産年齢人口割合は、2015（平成 27）年の 60.8％から減少を続け、2065 年には 51.4％となると考えられている。

また「地域別推計人口」によると、生産年齢人口の割合が 50％未満の市区町村は、2015（平成 27）年の 205 市区町村（全市区町村の 12.2％）から 2045 年の 1179 市区町村（同 70.1％）と増加するのに対し、生産年齢人口の割合が 60％以上の市区町村は 436 市区町村（同 25.9％）から 25 市区町村（同 1.5％）へ減少すると推計されている。

**3）高齢者人口**　「全国推計人口」によると、高齢者人口は、出生率に大きな変化があろうとなかろうと、2015（平成 27）年現在の 3387 万人（国勢調査）から、第二次ベビーブーム世代が高齢者となる 2042 年に 3935 万人でピークを迎えるまで増加し続ける。その後は一貫した減少に転じ、2065 年には 3381 万人となると推計される。高齢化率については、2015（平成 27）年現在 26.6％で 4 人に 1 人を上回る状態から、2036 年に 33.3％で 3 人に 1 人となり、2065 年には 38.4％で 2.6 人に 1 人が高齢者となると推計されている。また総人口に占める 75 歳以上の後期高齢者人口の割合に限ってみても、2065 年には 25.5％となると推計されている。高齢者人口は 2042 年をピークにその後減少するにもかかわらず、高齢化率が上昇し続けるのは、65 歳未満人口の減少が続くことによる相対的な増大が続くからである。

「地域別推計人口」によると、2015（平成 27）年から 2045 年にかけて高齢者人口の割合は、全市区町村の 99.3％にあたる 1671 市区町村で上昇すると推計されている。また、高齢者人口の割合が 50％以上の市区町村は 15 市区町村（全市区町村の 0.9％）から 465 市区町村（同 27.6％）に増加するのに対し、高齢者人口の割合が 30％未満の市区町村は 729 市区町村（同 43.3％）から 69

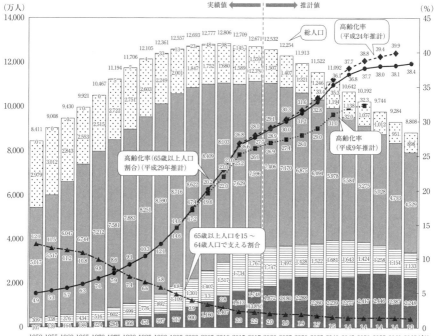

**図 4-6　高齢化の推移と将来推計**

注 1) 2017 年以降の年齢階級別人口は、総務省統計局「平成 27 年国勢調査 年齢・国籍不
詳をあん分した人口（参考表）」による年齢不詳をあん分した人口に基づいて算出
されていることから、年齢不詳は存在しない。なお、1950 年〜2015 年の高齢化率
の算出には分母から年齢不詳を除いている。

2) 年齢別の結果からは、沖縄県の 1950 年 70 歳以上の外国人 136 人（男 55 人、女 81 人）
及び 1955 年 70 歳以上 2 万 3328 人（男 8090 人、女 1 万 5238 人）を除いている。

3) 将来人口推計とは、基準時点までに得られた人口学的データに基づき、それまでの
傾向、趨勢を将来に向けて投影するものである。基準時点以降の構造的な変化等に
より、推計以降に得られる実績や新たな将来推計との間には乖離が生じうるもので
あり、将来推計人口はこのような実績等を踏まえて定期的に見直すこととしている。

資料) 棒グラフと実線の高齢化率については、2015 年までは総務省「国勢調査」、2017 年
は総務省「人口推計」（平成 29 年 10 月 1 日確定値）、2020 年以降は国立社会保障・
人口問題研究所「日本の将来推計人口（平成 29 年推計）」の出生中位・死亡中位仮
定による推計結果。点線と破線の高齢化率については、それぞれ「日本の将来推計
人口（平成 9 年推計）」の中位仮定、「日本の将来推計人口（平成 24 年推計）」の出
生中位・死亡中位仮定による、推計時点における将来推計結果である。

出所) 内閣府『平成 30 年版　高齢社会白書』p.4

市区町村（同 4.1 %）に減少すると推計されている。さらに後期高齢者人口の割合は、全市区町村の 99.8 % にあたる 1679 市区町村で上昇すると考えられている。後期高齢者人口の割合が 30 % 以上の市区町村は 32 市区町村（同 1.9 %）から 615 市区町村（同 36.6 %）に増加するのに対し、後期高齢者人口の割合が 15 % 未満の市区町村は 706 市区町村（同 42.0 %）から 41 市区町村（同 2.4 %）へ減少すると推計されている。

## 3　人口減少社会への推移

　日本創生会議が 2014 年 5 月に人口減少問題に関する提言「ストップ少子化・地方元気戦略」を発表した。そこに示された人口減少の主たる要因は、20 歳から 39 歳までの女性の人口減少と地方から大都市圏への若年人口の流出の 2 つである。女性の年齢を 20 歳から 39 歳までと区切っているのは、子どもを産む女性の 95 % がこの年齢で、「人口の再生産力」と考えているためである。さらに提言の中では、2010 年から 2015 年の間の地方から東京などの都市部への人口移動の状況が今後も続くと想定すると、2010 年から 2040 年にかけて、896 市区町村（全市区町村の 49.8 %）において 20 歳から 39 歳までの女性の人口が 5 割以上減少すると予測した。これらの市区町村を「消滅可能性都市」という。さらに 896 市区町村のうち 523 市区町村が 2040 年時点で人口 1 万人未満となると指摘している。その後、2018 年の「地域別推計人口」をもとに読売新聞社が分析し直したところ、消滅可能性都市の 8 割が予測より速いスピードで人口減少が進むであろうと予測した。人口減少が進むのは、北海道、東北地方、九州地方の過疎地域の 713 市区町村であることも指摘している。

　「地域別推計人口」で各年代の人口推計を市区町村の単位でみても、全般的に高齢化が進行する推計結果となっている。しかし高齢化の進展は全国一律ではなく、著しく高齢化が進行する市区町村の割合が高い地域とそうでない地域があると推計されている。高齢化が著しく進展する市区町村の割合が高い地域は、北海道、東北地方、四国地方である。2015 年に高齢者の人口割合が 40 % 以上であったのは、北海道の市区町村のうち 16.8 %、東北地方では 10.7 %、四国地方では 36.9 % であった。2045 年の高齢者の人口割合が

40％以上と推計されるのは、それぞれ91.0％、86.3％、81.0％である。後期高齢者の人口割合が30％以上の市区町村をみると、2015年ではそれぞれ0.6％、1.8％、6.3％であったが、2045年の推計ではそれぞれ55.9％、61.9％、54.8％である。一方、生産年齢人口の割合が50％未満の市区町村をみると、2015年ではそれぞれ13.4％、6.6％、36.9％であったが、2045年の推計ではそれぞれ91.6％、88.0％、83.1％である。これらの地域で高齢化率の高さと生産年齢人口の低さが推計されている。

　これら3つの地域に対して、南関東の1都3県は対照的である。東京などの大都市圏の181市区町村では人口が増加すると予測されている。高齢者人口の割合が40％以上となる市区町村は、2015年には2.3％であったが、2045年には43.0％を占め、2015年には存在していなかった後期高齢者人口の割合が30％以上となる市区町村は2045年に18.4％と推計されている。また生産年齢人口の割合が55％未満の市区町村をみると、2015年は2.4％であったが、2045年には43.3％と推計されている。人口が集中する南関東の1都3県では、高齢化の進行が他の地域に比べて遅いことが推計されているのである。

## 第5節　人口減少社会への対策

　人口減少社会は過疎地域を中心にすでに進行しており、そうした地域からの人口流入によって人口が増えてきた大都市部においても、人口の流入がなくなれば減少していくことであろう。人口減少により都市が消滅すれば、都市機能や社会システムがストップすることになる。そのため対策を打たなければならない。

　日本創生会議の提言では、少子化を止めること、地方から大都市部への人口の流れを変えること、女性や高齢者等の人材活躍を推進することの3つの柱を出している。まず少子化を止めるためには、若者が結婚や出産を可能とするような環境整備を図り、2025年までに希望出生率1.8の実現を目標に掲げている。2つ目の人口の流れを変えるためには、「若者に魅力のある地域拠点都市」に投資と施策を集中し、地域の多様な取組みを支援することを提

言している。3つ目は女性や高齢者だけでなく、海外からの高度人材の受入れを含めた人材活躍を提言している。

　日本政府は 2014 年 9 月に「まち・ひと・しごと創生本部」を創設し、魅力あふれる地方を創生し、地方への人の流れを作り、人口減少と高齢化に対応するとしている。「まち・ひと・しごと創生総合戦略」2018 年改訂版では、人口減少を克服し、将来にわたって成長力を確保するため、①「東京一極集中」の是正、②若年世代の就労・結婚・子育ての希望の実現、③地域の特性に即した地域課題の解決といった 3 つの基本的視点から、人口・経済・地域社会の課題に対して一体的に取り組むとしている。

　地方においても、47 都道府県、1740 市区町村（2018 年）で「地方版総合戦略」が策定され、各地域の実情に即した具体的な取組みが行われている。「地方版総合戦略」の策定にあたっては、多様な関係者の参画を得た検討が行われ、ほぼすべての地方公共団体が地域住民から意見を聴取し、8 割以上の地方公共団体が中高大学生を含む若者から意見を聴取しているという。

　人口の変容は、産業の変革による人口移動、社会情勢や経済状況とも関連している。今後の人口減少に対して楽観的になりすぎることなく、かつ悲観的になりすぎることなく、冷静に次世代を見据えて取り組むべき課題であるといえよう。

**■引用・参考文献**

国立社会保障・人口問題研究所 2017 年 a「現代日本の結婚と出産　第 15 回出生動向基本調査」
　http://www.ipss.go.jp/ps-doukou/j/doukou15/NFS15_reportALL.pdf（2018 年 11 月 1 日閲覧）
国立社会保障・人口問題研究所 2017 年 b「日本の将来推計人口　平成 29 年推計」
　http://www.ipss.go.jp/pp-zenkoku/j/zenkoku2017/pp29_ReportALL.pdf（2018 年 11 月 1 日閲覧）
国立社会保障・人口問題研究所 2018 年「日本の地域別将来推計人口（平成 30〔2018〕年推計）」

http://www.ipss.go.jp/pp-shicyoson/j/shicyoson18/1kouhyo/gaiyo.pdf（2018
年 11 月 1 日閲覧）

国立社会保障・人口問題研究所「人口統計資料集 2018」

http://www.ipss.go.jp/syoushika/tohkei/Popular/Popular2018.asp?chap=0
（2018 年 11 月 1 日閲覧）

厚生労働省 2016 年『平成 27 年版　厚生労働白書』

厚生労働省 2017 年「第 5 回 21 世紀成年者縦断調査（平成 24 年成年者）の概況」

https://www.mhlw.go.jp/toukei/saikin/hw/judan/seinen18/dl/gaiyou.pdf
（2018 年 11 月 1 日閲覧）

内閣府 2018 年 a「『男性の育児休業取得促進事業（イクメンプロジェクト）』の
取組について」『共同参画』2018 年 6 月号

内閣府 2018 年 b『平成 30 年版　高齢社会白書』

内閣府 2018 年 c『平成 30 年版　少子化社会対策白書』

日本創成会議・人口減少問題検討分科会 2014 年「ストップ少子化・地方元気戦
略」

http://www.policycouncil.jp/pdf/prop03/prop03.pdf（2018 年 11 月 1 日閲覧）

首相官邸 2018 年「まち・ひと・しごと創生総合戦略（2018 改訂版）」

http://www.kantei.go.jp/jp/singi/sousei/info/pdf/h30-12-21-sougousen-
ryaku2018hontai.pdf（2018 年 11 月 1 日閲覧）

# 第5章　地域社会の変容とコミュニティの形成

## 第1節　高度経済成長・過疎／過密・コミュニティ

　本章は、地域社会の変容に伴う、コミュニティの形成の経緯と過程について論じることを目的とする。以下の順で進めていく。

　まずは、戦後の高度経済成長による「過疎・過密」問題と地域共同体の崩壊から導き出された「コミュニティ政策」、続いて都市化が浸透するにつれ芽生えた新たな共助の在り方、そして「阪神・淡路大震災」を契機に反省されたコミュニティの意義、最後に、近年みられる地域社会の問題を取り上げ、今後のコミュニティの在り方を模索する。

　戦後のコミュニティ政策にまつわる時代および社会背景を概観しておきたい。

　1945年に終戦を迎え、「民主化」路線のもとで、財閥解体、農地改革、普通選挙制、教育基本法に対する取組みがなされる。そして、1947年1月に行政措置として、内務省訓令第4号が発布され、「内務省訓令第17号」が廃止される。同年5月に立法措置として、「町内会部落会又はその連合会等に関する解散、就職禁止その他の行為の制限に関する政令」（政令第15号）が公布される。これらの措置がとられた理由は、当時の地縁組織が戦時対応組織であり、戦中の為政者に戦争の協力をした事実からである。

　しかし、1951年にサンフランシスコ平和条約が締結され、日本に主権が回復されたことに伴い、翌年4月に「ポツダム宣言の受諾に伴い発する命令に関する件の廃止に関する法律」が公布された。その結果、「政令第15号」も失効した。しかし、これ以後、地縁組織や地域社会に関する国策あるいは提言はタブーとされる。

さて、1955年頃から、日本経済は、朝鮮戦争の「特需景気」をきっかけに、「高度経済成長期」に入り、「物質的豊かさ」を達成し始めていく。また、この時期に、経済成長の負の部分である「公害問題」や「過疎過密」問題が表れてくる。

　具体的には、1950年から1954年まで、「資源開発」に重点が置かれた。1950年の「国土総合開発法」を契機に、傾斜生産（食糧とエネルギーの増産）を目的とした電源開発が全国各地で展開される。さらに、1955年から1959年にかけて、「工業開発」に力が注がれ、地方別・府県別の地域振興開発計画に基づき、東北開発促進法（1957）、九州地方開発促進法（1959）、北陸・中国・四国地域開発促進法（1960）が順次策定された（根本 1970）。

　こうした全国各地における開発が公害・環境問題、つまり1956年に水俣病、1960年に四日市ぜんそく、1965年に新潟水俣病を引き起こした。また、沼津・三島でのコンビナート建設反対運動など開発阻止の住民運動が起こったのもこの時期である。

　しかしながら、1960年の「国民所得倍増計画」により、京浜・中京・阪神の三大工業地帯を連結して、戦後の重化学工業がさらに発展する。具体的には、拠点開発方式によって産業基盤の整備を図り、企業集中の利益を保障するための開発構想が打ち出された。また、1962年の「全国総合開発計画」により、高度経済成長の担い手であった重化学工業を集中立地させるために、新型都市の開発がなされた。

　こうして、地方あるいは都市開発に拍車がかかり、その結果、人口の分布に大きな変化がもたらされた。

　さて、表5-1をみると、1940年から10数年を経て、都市部と郡部

表5-1　戦後の人口推移

| 年次 | 全国人口（千人） | 市部 | 郡部 |
|---|---|---|---|
| 1940 | 73,114 | 37.7% | 62.3% |
| 1955 | 89,276 | 56.3% | 43.7% |
| 1965 | 98,275 | 68.1% | 31.9% |
| 1970 | 103,720 | 72.2% | 27.8% |
| 1975 | 111,937 | 75.9% | 24.1% |
| 1980 | 117,070 | 76.2% | 23.8% |
| 1985 | 121,049 | 76.7% | 23.3% |
| 1990 | 123,611 | 77.4% | 22.6% |
| 1995 | 125,570 | 78.1% | 21.9% |
| 2000 | 126,926 | 78.7% | 21.3% |
| 2005 | 127,768 | 86.3% | 13.7% |

出所）総務省統計局「平成17年度国勢調査報告　第一巻　人口総数」

の人口の比率が逆転している。そ
して、1965年以降も郡部から市
部への人口移動が続き、都市部に
人口が集中したことで、「過疎・
過密」が定着した。表5-2をみる
と、都市部への人口集中により、
郡部が中心となる第一次産業の就
業数が年々減り、その就業率は
1980年までに40％から10％近く
にまで落ち込んでいる。他方、第
三次産業は30％近くから55％台
にまで増加している。

こうした経済成長に伴う公害の
頻出、都市部への人口の流入とい

**表5-2 「戦後の就業者数推移」総数単位**

| 年次 | 就業総数（人） | 第一次 | 第二次 | 第三次 |
|---|---|---|---|---|
| 1940 | 32,483 | 44.3% | 26.0% | 29.0% |
| 1955 | 39,590 | 41.1% | 23.4% | 35.5% |
| 1965 | 47,960 | 24.7% | 31.5% | 43.7% |
| 1970 | 52,593 | 19.3% | 34.0% | 46.6% |
| 1975 | 53,141 | 13.8% | 34.1% | 51.8% |
| 1980 | 55,665 | 10.9% | 33.5% | 55.4% |
| 1985 | 58,357 | 9.3% | 33.1% | 57.3% |
| 1990 | 61,681 | 7.1% | 33.3% | 59.0% |
| 1995 | 64,141 | 6.0% | 31.6% | 61.8% |
| 2000 | 63,032 | 5.1% | 29.2% | 64.5% |
| 2005 | 61,506 | 4.8% | 26.1% | 67.2% |

出所）総務省統計局「平成17年度国勢調査
人口概観シリーズNo.6　労働力状態、
産業、職業別人口」

った背景のもとで、1968年の「第二次改造国民生活審議会」で、佐藤首相
は「経済社会の成長発展に伴い変化しつつある諸条件に対応して、健全な国
民生活を確保するための方策いかん」と諮問した。それに対し、翌年9月の
「国民生活審議会調査部会」により、戦後初めて、国策として「コミュニテ
ィ—生活の場における人間性の回復」（以下、「コミュニティ政策」）が打ち出さ
れる。

では、その「コミュニティ政策」はどのような認識のもとで打ち出された
のか。それは、「いかにわが国の経済成長率が高いといっても、生活の場に
おける人間性が失われたのでは、人間の幸福はありえない」（審議会長の言葉）
という認識である。具体的には、「急速な経済成長やこれに伴う地域間、産
業間の人口移動は、技術革新の進展や情報化社会の進行と相まって地域住民
の生活様式や生活意識の変革をもたらし、また、生活の自然的、社会的環境
の悪化をもたらしている。そして、これまで地域住民の生活のよりどころと
なっていた既存の地域共同体は、このような変革に対応することができず解
体の方向をたどりつつあるが、これにかわる新たな地域社会が形成されない

まま、住民の多くは孤独な不安な生活を余儀なくされている」（中央社会福祉審議会コミュニティ問題専門分科会 1971：4）。

　また、この地域共同体の解体は、住民の拠り所がなくなることだけでなく、別の意味をも表している。それは、「地域住民にとって、旧い束縛からの解放を意味しており、地域共同体のなかに埋没していた人間性の回復を意味するものとして評価してよかろう。しかしながら、都市、農村を通じて地域社会におこった変化があまりにも大規模かつ急激であったために、地域住民はこの変化に十分対応しきれず、社会的連帯を喪失したまま様々な問題に直面している」（国民生活審議会 1970：46）。

　この 1969 年の「国民生活審議会」の報告書から、当時の経済発展に伴う社会変化のすさまじさと地域住民の戸惑い、さらに既存の地域共同体の解体が持つ二面性が読み取れる。つまり、経済成長に伴い、人口分布の変化、主産業の変移、さらには地域共同体の破壊が引き起こされた。それゆえ、「コミュニティ政策」にあるように、生活の場としての地域共同体あるいは伝統的価値体系が崩壊し、それに変わる新たな組織あるいは集団が形成されていないため、強い孤独感や不安感を人々が抱いた。その埋め合わせとして、コミュニティの形成が期待された。[1]

## 第2節　都市化と政策が掲げるコミュニティの位相の変化

　「コミュニティ政策」は、「1971-73 年　モデル・コミュニティ地区」として 83 地区が設定され、引き続き、1983 年に「コミュニティ推進地区設定要綱」が出され、先に指定した地区の拡大版である「1983-85 年　コミュニティ推進地区」として、147 地区が設定される。最後に、1990 年の「コミュニティ活動活性化地区設定施策」により、都市部に偏った前政策を踏まえ、「1990-92 年　コミュニティ活動活性化地区」として、141 地区が設定される。このように、20 年にわたり、1969 年に構想された「コミュニティ政策」が実施された。その本質は、解体しつつある地域共同体の埋め合わせとしてのコミュニティの位置づけであった。しかし、「都市的生活システム」の拡大と深化により、「新たな共助組織」としてのコミュニティに注目が集まった。

　従来の村落社会では、社会の諸問題に対し、素人である住民が相互扶助的に取り組んでいた。これに対し、都市社会には有象無象の人々が集まり、「隣は何をする人ぞ」という形で匿名性が高く、住民間の共助的な取組みが困難となる。それゆえ、共同的に解決されてきた問題を専門機関に委ねることになる。この専門的処理システムが都市的生活システムであり、この浸透がコミュニティの位相を変化させた。この1970年代の日本の地域社会の変動を、倉沢は「都市的生活様式の進化と拡大という意味での都市化過程として」特徴づける（倉沢 1981：1-16）。

　このような1970年代に顕著になった社会動向を、倉沢は5つ挙げている。第一は人口移動の相対的安定化、第二は都市人口構成の成熟化、第三は都市的生活様式の全般的な拡大・深化、第四は新市街地の拡大、第五は専門処理システムの限界の露呈、である。以下、順を追ってみてみよう。

　表5-1および表5-2をみると、年を追うに従い、人口や就業者数の推移の在り方が固定化していく傾向がわかる。特に、表5-2をみると、1975年から、郡部を中心とする第一次産業が減少していくなか、都市部におけるサービス産業を中心とした第三次産業が増え続けている。

　この第三次産業・サービス産業の増大は、都市的生活システムが全般的に拡大していることを表す。自家内および村落内で自己完結していた事柄や生活環境の在り方が、都市と農村とを問わず、相互扶助的処理あるいは対応から、行政サービスや商業サービスへ移行している。そして、教育が学校へ、病気が医療機関へ、食事が外食産業へと専門事業として各々「外部化」することで、われわれの生活は、各事業あるいは行政の存在なくしては生活しえなくなる。

　この都市的生活システムの全般的拡大および深化という過程は、空間に投影され展開されていく。それが「新市街地の拡大」である。新市街地には、こうした生活システムを支える都市的な公共施設が建設され、サービスの流通が増大した。こうした機能を重視した新市街地、つまり「機能主義的ゾーニング」が各地でなされた。

　こうした、1970年代にかけて、社会内の諸問題を行政あるいは市場サー

ビスによる専門機関ごとの対処（機能重視）へと移行したことに対し、「異議申し立てをする」運動がみられた。その一つに、「生活クラブ生活協同組合」がある。

その組合運動は、生活を生産者や企業側ではなく、消費生活者の視点から捉え、地域社会を自分たちの手に取り戻そうという運動である。すなわち、地域に根ざし、かつ人々の日常生活に志向した「草の根」的な社会運動である。その主な活動は、女性が運動の担い手となって、人々の「暮らしと生命」を守るために製造元が明白な生活必需品を生産者と提携しながらリーズナブルな価格で共同購入することである。この日常生活に根ざした運動を土台とし、リサイクル、合成洗剤不買などの環境運動から、料理、産直、様々な講習会などまで及び、多様なボランタリーな活動が存立している（佐藤 1986a, 1986b）。[2]

このように、1970 年代に、人々が日常生活を問い直し、地域社会を自らの手に取り戻す「新たな相互扶助」を形成する運動が台頭していた。

## 第3節　地方中心市街地の疲弊と衰退の一例：大店法改正

石油危機を契機に、固定為替相場「ブレトン・ウッズ体制」が崩壊、つまり、固定為替制から変動為替制へと移行することで、金融市場がグローバルになり、「ヒト・モノ・カネ」が流動的となった。こうして、資本に対する負担と規制を軽減させ、市場を介した流動性と効率性を重視する「新自由主義経済体制」、すなわち「小さな政府」が先進各国で目指された。

1980 年代以降、日本経済の基本ラインとして、規制緩和路線あるいは構造改革路線と呼ばれるものがある。

こうした路線あるいは政策は、中心市街地や地方の商店街にも影響を与えた。それが、1997（平成 9）年の大店法の廃止である。

以前は大店法により、大型店の出店に際し、商店街の中小店を保護するために、500㎡を超える店舗については、出店時の審査で、開店日、店舗面積、閉店時刻、年間休業日の 4 項目が調整されていた。しかし、近年の中心市街地の衰退状況から、出店するのが中心市街地か郊外かという立地場所が焦点

となったうえ、当時における規制の緩和や地方分権化の潮流もあり、1997年に大店法が廃止された。改正された大店立地法では、大型店の出店や増設を行う事業者に対し、上述の商業調整のような経済的規制をせずに、駐車場の整備、騒音や廃棄物などの抑制、生活環境面を配慮させる社会的規制のみが行われる。つまり環境に配慮すれば、出店は原則自由となる。そして、立地場所の誘導が改正都市計画法に委ねられ、都市計画の部局が主導する。

　このように、既存の中小店を保護する大店法の廃止を契機に、まちづくり三法が改定されていった。大規模商業施設（3000㎡）の出店状況に関して、1990年に（旧）大店法に関する運用の規制が緩和されて以降、大規模商業施設の出店が顕著である。1980年から1989年度まで、届出件数で400件を越えた年はない。しかし、1990年度は900件弱で、1993年度以外は、毎年400件を越えている。(3)

　こうした規制緩和を通じた大型店舗の誘致に対して、実際、地方自治体は期待を寄せていた（矢作・瀬田 2006）。第一は、大型店での地元住民に対する雇用機会の増加である。第二は、大型店による品数の豊富さからの、消費者の買い物機会の拡大である。第三は、行政にとって最重要である固定資産税など市税の増収である。こうした雇用、消費機会、税収という3つの期待から、大型店は地方においては魅力的な存在なのである。

　しかしながら、2000年の大店立地法の施行から、大手スーパーやコンビニエンスストアと商店が競争させられた結果、中心市街地の商店街が危機に立たされた。そこで、「改正都市計画法」と「中心市街地活性化法」により、これらを有機的に機能させて中心市街地の空洞化の歯止めを狙った。しかし、現状は、流通規制が緩和あるいは廃止されるに伴い、大型店の郊外へのさらなる出店を招き、商店街がシャッター化した。

　こうした地方の中心市街地の来街者数の減少に対してとられた対策が、青森市や富山市がとりかかった「コンパクトシティ構想」である。日本における「コンパクトシティ構想」とは、市街地から郊外への拡散を抑制し、街の機能を中心市街地に集中させるという「選択と集中」をベースとした都市構想である。ブレーキ（計画的な土地利用規制）とアクセル（中心市街地の活性化支

援）の併用でのコンパクトシティの形成を目指すものである。この政策モデルに対して、地域住民の目線からというよりはむしろ、「通行量が増加する→中心市街地・地域コミュニティが活性化する」という「通行量主義」が前提となっており（三浦 2010）、またコンパクトシティ構想は新幹線誘致と連動した政策で、一層「地方の郊外化」を促進する政策であると指摘されている（岡田 2010）。

## 第4節　阪神・淡路大震災とコミュニティの再考／再興

　そして、コミュニティを再考／再興する契機が生じた。「国民生活審議会総合企画部会」（2005年）の意向がその原因の一つである。「これまでの経済発展は、国民の生活水準の向上をもたらす一方で、企業や行政が主体となって暮らしのニーズを満たす環境を生み出した結果、身近な問題であっても地域の人々が『自立』して積極的に解決に動く意欲を希薄化させた面も否定できない」と指摘している。これまでは地域の諸問題に対して、住民の相互扶助的取組みを、市場セクターあるいは公共セクターへと外部化して対応してきた。この両セクターへの住民の「依存体質」が住民の自主性を希薄にしてきたことが、ここで反省されている。

　国民生活審議会総合企画部会（2005）において、コミュニティへの希求の高まりの原因として第一に挙げられているのが、「社会的孤立」の深刻化である。これは、現代でも引き続き問題となる、ニート、高齢者の孤独死、引きこもりを指している。第二は、1980年代からいわれている、企業や行政が果たす役割の限界という問題である。「そもそも、営利企業は本質的に採算を考慮せざるを得ず、社会的に重要であっても市場で評価されない財・サービスの提供については制約がある。このため、企業の社会的責任（CSR）に対する認識が高まる中で、地域活動を行う団体との協力・連携などに関心が寄せられている。一方、行政も公平性を原則とするため、均質的なサービスを提供するには効率的であっても、多種多様なニーズに対しきめ細かに対応することが難しい。加えて、昨今の厳しい財政制約の中で、これまで行政が担ってきた公共サービスの提供をより効率的な主体に任せていく動きが進

んでいる」（国民生活審議会総合企画部会 2005：4）。

　しかしながら、その直接的原因は、1995 年 1 月 17 日の「阪神・淡路大震災」である。多くの死傷者を出した出来事であるが、この出来事を通じての地域内、県外でのボランティアあるいは市民活動、果ては海外ボランティアの活動が、メディアの前にいる人たちに対して、自分たちの住むコミュニティへと眼を向けさせた。この再興に向かう機運から、1998 年に特定非営利活動促進法（NPO 法）が制定される。

　また、地域コミュニティの再興には、血縁や地縁ではない「つながり」として「ソーシャル・キャピタル」が必要である。具体的には、「市民活動が市民活動への理解者、支援者などを増やして、信頼に基づいたネットワーク（ソーシャル・キャピタル）を拡大する原動力となり、さらなる自発的な市民活動の発展に結びつくという好循環をもたらすと考えられる」（内閣府 2003：7）と結論づけている。

　こうして、注目を集める「市民活動・NPO・ボランティア」（以下、「市民活動」）であるが、その理由は、地縁組織と違い、特定のテーマや関心に基づいた組織であり、各集団や団体を横断して形成されるからである。一方で、地域が抱える問題や住民のニーズの多様化と高度化により、ますますコミュニティの存在が不可欠となる。他方で、多様化する諸問題に対し、エリアに限定されず横断的な活動範囲と専門性を活かした市民活動が、コミュニティの形成あるいは活性化にとって重要となる。

　このように、地元住民を「結合」する活動を「地縁活動」と分類したうえで、崩壊しつつある地域型コミュニティを再生する期待は市民組織の方に置かれている。「個々の市民、地縁型団体、市民活動団体、企業、行政などコミュニティを取り巻く主体が、それぞれの役割に対する意識改革を図りつつ、市民活動を中心とした新たなつながりや協力関係が築かれていくことを期待する」（国民生活審議会総合企画部会 2005：36）。

　このシナリオは、垂直的で閉鎖的なネットワークを含む地縁活動が、ボランティアなどの新しい市民活動の影響により、水平的なネットワークへと変質する可能性も示唆する（内閣府 2003：89）。つまり、自発性に基づいた「市

民活動」の影響から、地縁組織が市民としてともに活動していくというシナリオが底流にある。

先の「国民生活審議会総合企画部会」(2005) の構想を受けて、総務省は、2005 年に「分権型社会における自治体経営の刷新戦略——新しい公共空間の形成を目指して」という研究会を作り、2007 年には「コミュニティ研究会」を発足させ、2008 年 7 月に「新しいコミュニティのあり方に関する研究会」を発足させ、2009 年 8 月 28 日に報告書を提出している。

その報告書でのキーワードは、「新しい公共」と「地域協働体」である。これらが重視される理由として、総務省は「社会経済情勢や価値観の変化に伴い、住民が公共サービスに求めるもの(住民ニーズ)は多様化・高度化していくが、地域における住民ニーズに応えるのは行政のみではないということが今後より一層重要な視点となると考えられ、行政以外の主体による地域における公共サービスの提供、地域協働の推進は今後の地域経営の重要な課題であると考えられる」という (総務省 2009 : 6)。このコミュニティの必要性は、共助セクターとしてのコミュニティという位置づけであるが、取組み方に若干の変化がみられる。それは、地域住民が行政サービスの担い手として位置づけられている点である。

おそらく、これは「平成の大合併」が影響していると考えられる。この市町村合併の動きは 2003 年から 2005 年にかけてピークを迎え、1999 年 3 月末時点で 3232 あった市町村の数は、2006 年 4 月には 1820 にまで減少し、2010 年 3 月末の時点で 1727 となった。こうした合併による市町村数の減少と変容から、「地域コミュニティをはじめとする地域における様々な主体がそれぞれの立場で新しい『公共』を担うことにより、地域にふさわしい多様な公共サービスが適切な受益と負担のもとに提供されるという公共空間(=新しい公共空間)を形成していくという視点に立った」取組みが重視されていく。この取組みを「地域協働体」という。その地域協働とは、「一定の地域を前提として、そこに存在する住民が参画している多様な主体が、当該地域が必要とする公共サービスの提供を協力して行う状態」(総務省 2009 : 4) を指す。

今後は、組織間の協働という形式面だけでなく、住民のニーズの高度化・

多様化あるいは複合性の高い課題に対するための具体的な地域協働が重要となってくる。つまり、地域・生活ニーズの抽出や発掘、そのニーズに応じた取組み、組織間および個人間の連携、そして地域社会内での一体的かつ重層的対応である。こうした対応をさらに具現化させ、具体的な地域協働を支えるための「中間支援施設」作りに注目が集まっている（古市 2016）。

　現在、さらに、「コミュニティ形成の在り方」を再考／再興させる諸問題が起きている。いくつかキーワードを挙げながら、その状況を説明する。

## 1　極点社会と「限界集落」

　現在、人口は都市圏に集中している。直近の平成 27 年国勢調査では、人口は約 1 億 2709 万人で、東京圏（東京都、神奈川県、埼玉県、千葉県）の人口は約 3613 万人で全国の 4 分の 1 以上（28.4%）を占め、平成 22 年の国勢調査から約 51 万人増加している。

　こうした大都市圏に集中する社会状況を、「東京圏をはじめとする大都市圏に日本全体の人口が吸い寄せられ、地方が消滅していくかのようである。その結果現れるのは、大都市圏という限られた地域に人々が凝集し、高密度の中で生活している社会である。これを我々は『極点社会』となづけた」（増田 2014：32）。

　他方、過疎問題を端緒とする「限界集落」問題が、地方だけでなく、都心においても生じている。つまり、65 歳以上の高齢者が集落人口の 50% を超え、独居老人世帯が増加している「限界集落」が抱える問題（大野 2008）は、中山間地域、農村漁村、離島だけの問題ではなくなっている。

　たとえば、東京・新宿区に 65 歳以上の住民が半数を超える大規模都営団地「戸山団地」が出現した。「同団地では住民の過半数が 65 歳以上。入居は約 60 年前に始まり、老朽化のため 1992 年ごろから建て替えが進んでいるが、1600 戸だった戸数は 2300 戸に膨れあがった。特に増えたのがワンルームで、単身高齢者の入居が目立つ。親子の間で部屋を継承できないなどの決まりや、優先入居できる『社会的弱者』に高齢者が多いという要因も、高齢化を加速させた。（中略）ふれあい集会やパトロール活動など、住民たちは団地を地域として成り立たせる方策を模索中だ。区や社会福祉協議会が希望者に戸別訪

間を行うなど、行政や地域も高齢者のための活動を行ってはいる。しかし、横の連携がなく広がりが見えないのが現状。進む高齢化により、山間部などで共同体の維持が難しくなっている『限界集落』。大都会にも現れた格好だ。大規模都営団地を『都会のうば捨て山』にしない対策が求められる」（読売新聞 2008）。

　今もなお、人口は都市圏に集中し続けているが、「都市＝過密／地方＝過疎」という単純な二項図式で論じ捉えられない複合的な社会状況が生じている。

## 2　多文化共生と要塞化するコミュニティ

　石油危機を契機に、日本はグローバル化にさらされていく。2012、2014年の読売新聞によると、近年、「ヒト」の移動、特に外国人労働者の流入により、地域社会の在り方に変容が生じている。これまでも全国各地にエスニックタウンは存在しており、特に関東地方でいえば、群馬県太田市や伊勢崎市大泉町ではブラジル人が、伊勢崎市羽黒町ではベトナム人が定着しているようである。外国住民と地元住民との間に様々な「生活問題」が生じているが、中でも問題の本質は生活習慣や文化の違いだ。さらに、彼らが定住することで産まれてくる子どもたちが抱える問題、「言語」の問題が深刻化している。つまり、親からの母国語の読み書きがあいまいなままで、かつ日本語の習得が不十分となる「言語」の問題だ。現在、彼らへのアプローチとして「ルーツ系学習支援」というボランティアの取組みが各地で生じている。

　また、コミュニティの在り方に注目すると、そこにも課題が生じている。流動化が増すほど、安定と揺るぎない場所への希求が人々の間に高まるという。それゆえ、今日の人々に、コミュニティが「常に善きもの」であり「心休まる温かい場所」として映るのは、われわれが失ってしまったものをすべて体現する「失われた楽園」を象徴しているからである、とバウマンは指摘する。近年では、その心理的安心を満たすために、壁やゲートで周囲を取り囲む「ゲーテッド・コミュニティ（要塞化するコミュニティ）」が作られている。また、バウマンによれば（Bauman 2001：110-123＝2008：151-169）、よそ者を外へと排除していくことで、コミュニティの安定性を図る印が、物理的なゲー

トにあり、心理的には社会的属性の同質性（sameness）にあると信じ込まれ
ていくことが考察されている。他者をよそ者として排除することで、自分た
ちの同質性を守り、それこそが「善きコミュニティ」であるとの妄信が進む。
やはり、互いが他者に変わりうる可能性があるという立場からの「共生の在
り方」が重要であると思われる。

## 3　サードプレイス／居場所作りと「ゆるやかな」つながり

　他方、古民家再生や廃校活用などを契機に、地域社会で「ゆるく居心地の
良い場所」作りが、近年みられる。都内でいえば、港区の「芝の家」や文京
区の「こまじいのうち」などがある。「こまじいのうち」は、さらに「子ど
も食堂」や「学習支援」などの拠点として「多機能な場所」となっている（こ
まじいのうち 2016）。こうした居場所作りの本質を、「サードプレイス」とい
うワードを用いながら、オルデンバーグは、イギリスのパブ、フランスのカ
フェ、アメリカのタヴァーンなどの例を挙げながら、以下のようにまとめる。
「くつろいだ充実の日常生活を送るには、以下にあげる三つの経験の領域の
バランスがとれていなければならない。第一に家庭、第二に報酬をともなう
か生産的な場、そして第三に広く社交的な、コミュニティの基盤を提供する
とともにそのコミュニティを謳歌する場。こうした人間の経験の各領域は、
それ相応の交流やつながりの上に成り立っている」（Oldenburg 1989：14-15＝
2013：57）。

　また、こうした取組みは、「つながりの希薄化」という問題を反映しても
いる。フランス・パリ 17 区での「La Fête des Voisins」あるいは「Neigh-
bours' Day」（総じて通称、隣人祭り）という取組みがあるが、これはペリファ
ンが立ち上げたものである。「1999 年フランス、パリの小さなアパートでお
きた高齢者の孤独死をきっかけに、住民たちが建物の中庭に集まり、交流の
ための食事会を行ったことから始まりました。現在ではヨーロッパ 29 か国
800 万人が参加する市民運動となり、2008 年には日本でも初めての『隣人祭
り』が東京・新宿で開催されています」。インターネット利用が日常生活の
不可欠な一部分を占める中、「隣人祭り」の取組みは、現代社会における「近
隣とのつながり」の難しさを、われわれに切実に伝えてくれている。

このように、見知らぬ者を排除するのではなく、彼らと「距離」を保ち分かち合える場所作りやイベントを通じて、「ゆるく」つながりながら日常生活を送る動きが出てきている。

　人口が密集すると同時に高齢化が進み「限界集落化」する地域、外国住民あるいは障害者といった地域住民の多様性が増す地域、住民間のつながりが希薄化する地域、さらに課題が単独ではなく重層的かつ複合的に生じる地域もある。これらの課題に対し、形式的な組織間の協働ではなく、地域ニーズに即した具体的な協働によるコミュニティ形成が、今求められている。

■注

(1)　当時の時代状況として、コミュニティ形成の難しさの原因として考えられるのは、コミュニティ政策の特性（山崎ら 2007，横道 2009）、企業中心とした社会統合（後藤 2001：52-53）、「日本型福祉国家体制」（Esping-Andersen 1990＝2001：ⅰ-ⅳ「日本語版序文」，武川 2007：6-16）などが挙げられる。

(2)　佐藤（2008）は、公的セクター（国家、自治体の行政）、私的セクター（市場セクター）と併せて共的セクター（非政府・非営利のアソシエーション）と分類した場合、「生活クラブ生活協同組合」を共的セクターに位置づけている。

(3)　「まちづくり三法」の功罪に関しては古市（2013）を参照されたい。


■引用・参考文献

Bauman, Zygmunt 2001 *Community: Seeking Safety in an Insecure World* Cambridge: Polity Press（＝2008 奥井智之訳『コミュニティ―安全と自由の戦場』筑摩書房）

Esping-Andersen, Gøsta 1990 *The Three Welfare Capitalism* Cambridge: Polity Press（＝2001 岡沢憲芙・宮本太郎訳『福祉資本主義の三つの世界』ミネルヴァ書房）

Oldenburg, Ray 1989 *The Great Good Place: Cafes,Coffee Shops, Bookstores, Bars, Hair Salons and Other Hangouts at the Heart of a Community* Da Capo Press（＝2013 忠平美幸訳『サードプレイス―コミュニティの核になる「とびきり居心地よい場所」』みすず書房）

中央社会福祉審議会コミュニティ問題専門分科会 1971 年「コミュニティ形成と
　社会福祉（答申）」

古市太郎 2013 年『コミュニティの再創成に関する考察—新たな互酬性の形成と
　場所の創出からなる地域協働』早稲田大学出版部

古市太郎 2016 年「エリア型コミュニティからの地域協働」『文京学院大学人間
　学部研究紀要』（18）pp.9-24

後藤道夫 2001 年『収縮する日本型〈大衆社会〉—経済グローバリズムと国民の
　分裂』旬報社

国民生活審議会 1969 年「コミュニティ—生活の場における人間性の回復」

国民生活審議会 1970 年「人間環境整備への指針」

国民生活審議会総合企画部会 2005 年「コミュニティ再興と市民活動の展開」

国立社会保障・人口問題研究所 2010 年『社会保障実態調査（2007 年社会保障・
　人口問題基本調査）人々の生活と自助・共助・公助の実態』国立社会保障・
　人口問題研究所

こまじいのうち 2016 年『みんなの居場所。—資料集』こまじいのうち

倉沢進 1981 年「1970 年代と都市化社会」『社会学評論』（124）pp.16-31

増田寛也編著 2014 年『地方消滅—東京一極集中が招く人口急減』中公新書

三浦倫平 2010 年「中心市街地活性化策における『通行量主義』に関する批判的
　考察」『都市社会研究』（2）pp.124-134

内閣府 2003 年「ソーシャル・キャピタル：豊かな人間関係と市民活動の好循環
　を求めて」
　http://www.npo-homepage.go.jp/data/report9_1.html（2018 年 9 月 29 日閲覧）

根本和泰 1970 年「地域開発政策の論理とその問題点」『社会科学ジャーナル』
　（9）pp.121-175

大野晃 2008 年「限界集落に向き合う　国土崩壊の不安、崩壊をとめられるか—
　過疎化、高齢化で、限界集落は維持存続が困難、どう生き残りをはかるか（［地
　方自治経営学会］研究大会特集　平成 20 年度〔第 44 回〕研究大会の概要—
　明日の地方の方向を問う地方財政、地域再生、限界集落）—（地方からの訴
　え　地方の危機—崩れて行く地方都市、地方農山村、迫る限界集落の危機）」
　『地方自治経営学会誌』（14）Issue. p.1

岡田知弘 2010 年「グローバル化と国家・地域の再編—現代日本の歴史的位置」
　『歴史評論』（721）pp.15-30

ペリファン，アナターズ「『隣人祭り』について」
　https://www.rinjinmatsuri.jp/about/messagePerifan.html（2018 年 9 月 29 日

閲覧）

佐藤慶幸 1986 年 a「都市化社会とボランタリー・アソシエーション」越智昇編
『都市化とボランタリー・アソシエーション―横浜市における市民の自主的参
加活動を中心に』横浜市立大学市民文化研究センター pp.493-501

佐藤慶幸 1986 年 b「現代社会における〈アソシエーション〉の機能」『社会科
学討究』31（2）pp.121-156

佐藤慶幸 2008 年『人間社会回復のために―現代市民社会論』学文社

総務省 2009 年「新しいコミュニティのあり方に関する研究会報告書」

総務省「平成 27 年 国勢調査」
http://www.stat.go.jp/data/kokusei/2015/kekka/kihon1/pdf/youyaku.pdf
（2018 年 9 月 29 日閲覧）

武川正吾 2007 年『連帯と承認―グローバル化と個人化のなかの福祉国家』東京
大学出版会

矢作弘・瀬田史彦編 2006 年『中心市街地活性化三法改正とまちづくり』学芸出
版社

山崎丈夫他 2007 年「自治省モデル・コミュニティ施策の検証」『コミュニティ
政策』（5）東信堂

横道清孝 2009 年「日本における最近のコミュニティ政策」『アップ・ツー・デ
ートな自治関係の動きに関する資料』（5）自治体国際化協会

『読売新聞』2008 年 10 月 12 日東京版朝刊

『読売新聞』2012 年 9 月 29 日朝刊

『読売新聞』2014 年 4 月 13 日朝刊

# 第6章　格差社会と貧困

## 第1節　格差社会

　「格差社会」という言葉をしばしば耳にする。また「貧困」や「ワーキングプア」といった言葉も「格差」や「格差社会」との関連でよく語られる。各種世論調査でも国民の6～7割が「格差が拡大してきている」と感じ取っている。高度経済成長期後期の1970年代には、多くの人が中流意識を持ち、「一億総中流」とも形容されていた。だが1980年代半ば以降は、グローバル化や新自由主義の進展の中で、規制緩和、市場中心主義、成果主義、株主主義等が著しく進展し、「ニューリッチ」や「ワーキングプア」、「勝ち組」や「負け組」といった言葉もごく普通に使われるようになった。こうした「一億総中流社会」から「格差社会」への移行それ自体が問題視され、様々な議論が展開されている。では実際はどうなのか、まずはその確認から始めよう。

### 1　所得格差

　経済的な格差を示す指標には様々なものがあるが、よく用いられる指標としては、ジニ係数や相対的貧困率がある。

　ジニ係数とはイタリアの統計学者ジニが考案した指標で、0から1までの間の数値で算出され、数値が1に近いほど格差が大きく、0に近いほど格差が小さいことを表す社会の所得分配の在り方を測定する指標である。ジニ係数0.4が「社会紛争多発の警戒線」といわれ、それ以上になると分配に対する不満が勃発し、社会的紛争多発の可能性が高まる警戒水域とされている。

　相対的貧困率とは、ある国や地域の大多数より相対的に貧しい貧困者の全人口に占める割合を示したものである。OECDでは、等価可処分所得（世帯の可処分所得を世帯人員の平方根で割って調整した所得）を前提にし、単身世帯を含

めたすべての世帯の等価可処分所得の中央値を算出し、その半分未満の位置にいる世帯員を相対的貧困者としている。別の言い方をするなら、特定の国や地域における貧困ライン（貧困線）以下の世帯員の割合を示した数値である（図6-1参照）。

　「主要7ヶ国の等価可処分所得のジニ係数の国際比較」（図6-2）をみてみると、ジニ係数の数値が高い国は、アメリカ（0.389）、イギリス（0.341）等の国で、上昇傾向が高い国は、アメリカ、フランス、ドイツ等の国々である。わが国は1980年代半ば以降2009年までは上昇傾向がみられたが、2009年以降はほぼ横ばいであり、その数値は主要7か国の中では最も低い0.281となっている。ジニ係数でみると、バブル期以降、わが国における所得格差は拡大傾向にあったが、近年はほぼ横ばいから多少下降気味といった状態にあることが見て取れる。

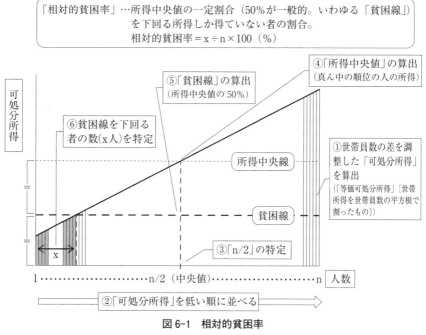

**図 6-1　相対的貧困率**

出所）厚生労働省「国民生活基礎調査（貧困率）よくあるご質問」より
　　　https://www.mhlw.go.jp/toukei/list/dl/20-21a-01.pdf

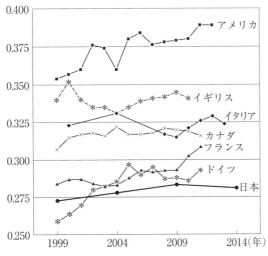

| 国名(調査年) | ジニ係数 |
|---|---|
| アメリカ（2012年） | 0.389 |
| イギリス（2010年） | 0.341 |
| イタリア（2013年） | 0.324 |
| カナダ　（2011年） | 0.316 |
| フランス（2011年） | 0.309 |
| ドイツ　（2011年） | 0.293 |
| 日本　　（2014年） | 0.281 |

図 6-2　主要 7 ヶ国の等価可処分所得のジニ係数の推移（総世帯）

出所）総務省統計局「平成 26 年全国消費実態調査　結果の概要」より
www.stat.go.jp/data/zensho/2014/pdf/gaiyo5.pdf

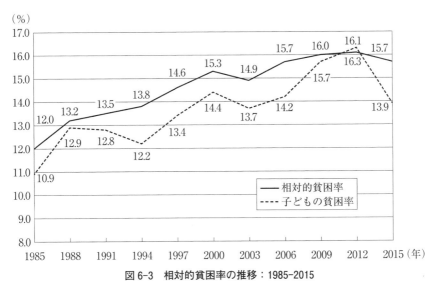

図 6-3　相対的貧困率の推移：1985-2015

出所）総務省統計局「平成 26 年全国消費実態調査　結果の概要」より

もう一つの格差の指標である「相対的貧困率の年次推移」（図6-3）をみると、この指標も 1985（昭和 60）年の 12.0％から 2012（平成 24）年の 16.1％へ増大傾向を示していたが、2015（平成 27）年は 15.7％へと 0.4 ポイント減少している。子どもの貧困率も 1985 年の 10.9％から 2012 年の 16.3％へと 5.4 ポイントも増大していたが、2015 年には 13.9％へと 2.4 ポイント減少している。

　貧困率の数値が多少減少しているとはいえ、相対的貧困率が 15.7％ということは、貧困ライン以下に位置づけられている人々が、日本には約 1900 万人もいるということであり、子どもの貧困率が 13.9％ということは、7 人に 1 人の子どもが貧困ライン以下の状況に置かれているということである。

　表 6-1 をみてみると、2015（平成 27）年の等価可処分所得の中央値は 244 万円であり、貧困ラインは 122 万円である。つまり手取りの年間所得が単独世帯では 122 万円以下、4 人世帯では 244 万円以下の世帯のことを意味し、そうした世帯に属する世帯員がどのくらいいるのかということを意味している。

表 6-1　貧困率の年次推移

| 年 | 1985 | 1988 | 1991 | 1994 | 1997 | 2000 | 2003 | 2006 | 2009 | 2012 | 2015 |
|---|---|---|---|---|---|---|---|---|---|---|---|
| | （単位：％） | | | | | | | | | | |
| 相対的貧困率 | 12.0 | 13.2 | 13.5 | 13.8 | 14.6 | 15.3 | 14.9 | 15.7 | 16.0 | 16.1 | 15.7 |
| 子どもの貧困率 | 10.9 | 12.9 | 12.8 | 12.2 | 13.4 | 14.4 | 13.7 | 14.2 | 15.7 | 16.3 | 13.9 |
| 子どもがいる現役世帯 | 10.3 | 11.9 | 11.6 | 11.3 | 12.2 | 13.0 | 12.5 | 12.2 | 14.6 | 15.1 | 12.9 |
| 　　大人が 1 人 | 54.5 | 51.4 | 50.1 | 53.5 | 63.1 | 58.2 | 58.7 | 54.3 | 50.8 | 54.6 | 50.8 |
| 　　大人が 2 人以上 | 9.6 | 11.1 | 10.7 | 10.2 | 10.8 | 11.5 | 10.5 | 10.2 | 12.7 | 12.4 | 10.7 |
| | （単位：万円） | | | | | | | | | | |
| 中央値（a） | 216 | 227 | 270 | 289 | 297 | 274 | 260 | 254 | 250 | 244 | 244 |
| 貧困線（a/2） | 108 | 114 | 135 | 144 | 149 | 137 | 130 | 127 | 125 | 122 | 122 |

注 1）1994 年の数値は、兵庫県を除いたものである。
　　2）2015 年の数値は、熊本県を除いたものである。
　　3）貧困率は、OECD の作成基準に基づいて算出している。
　　4）大人とは 18 歳以上の者、子どもとは 17 歳以下の者をいい、現役世帯とは世帯主が 18 歳以上 65 歳未満の世帯をいう。
　　5）等価可処分所得金額不詳の世帯員は除く。
出所）厚生労働省「平成 28 年　国民生活基礎調査の概況」より
　　　https://www.mhlw.go.jp/toukei/saikin/hw/k-tyosa/k-tyosa16/dl/16.pdf

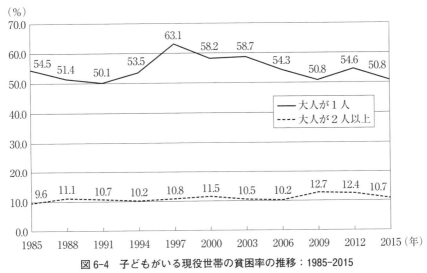

**図6-4　子どもがいる現役世帯の貧困率の推移：1985-2015**

出所）厚生労働省「平成 28 年　国民生活基礎調査の概況」より

　また表6-1の「子どもがいる現役世帯」の内訳として「大人が1人」と「大人が2人以上」が区分されているが、その年次推移の数値を図示したものが「子どもがいる現役世帯の貧困率の推移：1985-2015」（図6-4）である。この図をみると、ひとり親世帯の貧困率が依然として高水準で、50％以上のひとり親世帯が貧困ライン以下の状況に置かれていることが見て取れる。

## 2　年齢階層別にみたジニ係数と相対的貧困率

　「世帯主の年齢階級別等価可処分所得のジニ係数及び世帯分布（総世帯）」（図6-5）（表6-2）をみてみると、2014（平成26）年の全体としてのジニ係数は0.281であるが、30 歳未満（0.234）〜65 歳以上（0.300）と、年齢階層が高くなるほど所得格差が大きくなっている。2009（平成21）年と比較すると、65 歳以上の年齢層のジニ係数は 0.300 で、所得格差の拡大はみられないが、少子高齢化の進展を受け、所得格差の一番大きいこの年齢層の世帯分布が 6.4 ポイント増加している。他方、いわゆる若年者層や勤労世代の格差は縮小傾向にあり、世帯分布も同様に縮小傾向にあることが見て取れる。

　また年齢層別・性別の相対的貧困率（2015）（図6-6）をみてみると、男性で

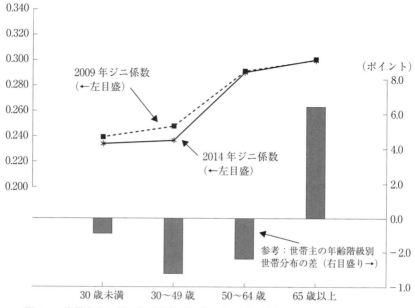

図 6-5　世帯主の年齢階級別等価可処分所得のジニ係数及び世帯分布（総世帯）

出所）総務省統計局「平成 26 年全国消費実態調査　結果の概要」より
http://www.stat.go.jp/data/zensho/2014/pdf/gaiyo5.pdfhttp://www2.ttcn.ne.jp/honkawa/4665.html

表 6-2　世帯主の年齢階級別等価可処分所得のジニ係数及び世帯分布（総世帯）

世帯主の年齢階級別ジニ係数

|  | 総数 | 30 歳未満 | 30〜49 歳 | 50〜64 歳 | 65 歳以上 |
|---|---|---|---|---|---|
| 平成 26 年 | 0.281 | 0.234 | 0.236 | 0.290 | 0.300 |
| 21 年 | 0.283 | 0.239 | 0.248 | 0.291 | 0.300 |
| 26年-21 年 | − 0.002 | − 0.005 | − 0.012 | − 0.001 | 0.000 |

世帯主の年齢階級別世帯分布（％）

|  | 総数 | 30 歳未満 | 30〜49 歳 | 50〜64 歳 | 65 歳以上 |
|---|---|---|---|---|---|
| 平成 26 年 | 100.0 | 4.7 | 27.3 | 28.2 | 39.7 |
| 21 年 | 100.0 | 5.6 | 30.5 | 30.6 | 33.3 |
| 26年-21 年 |  | − 0.9 | − 3.2 | − 2.4 | 6.4 |

出所）総務省統計局「平成 26 年全国消費実態調査　結果の概要」より

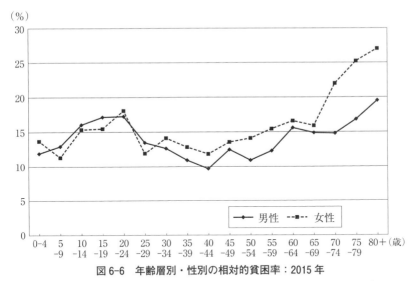

図6-6　年齢層別・性別の相対的貧困率：2015年

出所）阿部彩「日本の相対的貧困率の動態：2012-2015」貧困統計HP、2018年より
https://www.hinkonstat.net/

最も貧困率が高い年齢層は80歳以上であり、次は20〜24歳の年齢層である。女性では、70歳以上になると貧困率が跳ね上がり、男性と同じく80歳以上の貧困率が最も高い。次いで高いのも男性と同じく20〜24歳の年齢層である。

### 3　世帯類型別にみた相対的貧困率

「高齢男性（65歳以上）の貧困率：世帯構造別」（図6-7 1）と「高齢女性（65歳以上）の貧困率：世帯構造別」（図6-7 2）をみてみると、65歳以上の高齢者では、男性も女性も「単独世帯」の貧困率が依然として高い。単独世帯女性の貧困率は46.2%、単独世帯男性は29.2%である。近年の世帯動向としては世帯の小規模化を通じて、夫婦のみの世帯と単独世帯が著しく増加してきているが、そうした増加傾向にある単独世帯女性の約5割、単独世帯男性の約3割が貧困ライン以下の状態に置かれているということである。「高齢者夫婦のみの世帯の貧困率（2012年から2015年の動き）」も、男性14.2%から15.3%、女性14.8%から15.4%へと貧困率が増加してきている。

　勤労世代（20-64歳）では、単独世帯とひとり親と未婚子のみの世帯（ここ

（％）

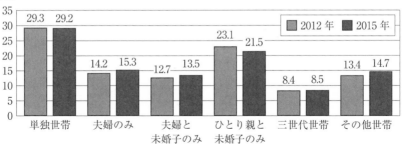

（％）

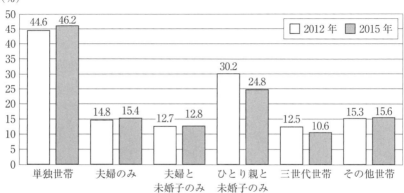

**図 6-7　高齢者（65 歳以上）の貧困率：世帯構造別**

出所）図 6-6 に同じ

1）男性

（％）

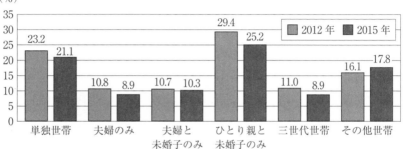

２）女性

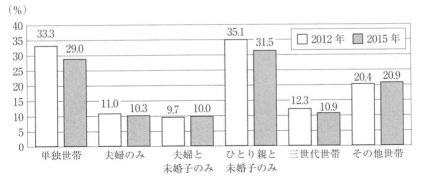

**図 6-8　勤労世代（20-64 歳）の貧困率：世帯構造別**

出所）図 6-6 に同じ

では子どもおよび親の年齢制限のない母子世帯または父子世帯であることに注意）の貧困率が高い（図 6-8 参照）。単独世帯女性 29.0％、単独世帯男性 21.1％、母子世帯女性 31.5％、父子世帯男性 25.2％である。「勤労世代（20-64 歳）の貧困率（2012 年から 2015 年の動き）」は、ジニ係数における勤労世代の改善と同様に、単独世帯男性では 23.2％から 21.1％へ、単独世帯女性では 33.3％から 29.0％へと多少の改善がみられる。だが単身女性の 3 割、単身男性の 2 割強がいまだ貧困ライン以下の状況に置かれている。

## 第 2 節　格差・貧困問題と関連する社会状況

### 1　高齢者の所得格差と社会保障

　高齢者層の所得格差を示すジニ係数は、平均の 0.281 からすれば 0.300 と大きいが、長期的にみればその格差は縮小してきている。その格差の縮小には、年金等の社会保障制度や税制の寄与が大きな効果をもたらしていたといわれている。当初所得のジニ係数と（社会保障制度や税制の当初所得への寄与を加えた）所得再分配後のジニ係数との差が、所得格差改善度といわれているが、1970 年代は 10％前後、2000 年代からは 20％を超え、2010 年代は 30％に近づいてきており、年金制度の成熟が高齢者層の格差縮小に大きな役割を果た

している。しかし高齢者単身世帯の貧困率は依然として高く、単身女性の50％近く、単身男性の30％近くが貧困ライン以下の層に属している。高齢者単独世帯は2015年現在約600万世帯で、その内訳は女性約400万世帯、男性約200万世帯であるから、貧困ライン以下の年間所得122万円以下しかないような一人暮らし高齢者が約260万人ほどいるということになる。ちなみに生活保護受給世帯では、高齢者世帯の受給率が著しく増加してきているが、生活保護受給者の5割程度が高齢者世帯（約80万世帯）であり、高齢者世帯の約9割が高齢者単独世帯（約72万世帯）である。生活保護基準がおおよそ120万円であるから、残り約200万人くらいの一人暮らし高齢者が、生活保護を受けずに貧困ライン以下の所得で生活しているという現実が窺われる。少子高齢化の進展が著しい中、所得格差の大きい高齢者の増加、単身無職高齢者の増加が格差進展の大きな要因の一つといえよう。

## 2　勤労世代の所得格差と労働領域

　勤労世代の所得格差は縮小傾向にあったが、若年者層単独世帯の貧困率が依然として高水準である。これは労働領域の在り方の変化と深く関係しているといわれている。労働領域における能力主義的な賃金制度の拡大、正規雇用労働者の減少と非正規労働者の増大、失業率の増大等の影響が指摘されている。いうまでもなく、バブル崩壊以降のグローバリズムと新自由主義経済路線の進展の中で、日本企業は日本型経営システムを見直し、「能力主義」と「株主主義」を積極的に推し進め、企業収益の押上げを最優先するようになった。能力主義的な賃金制度の導入や、正規雇用を抑制し業務の効率化のための外注化、非正規雇用化等の動きを積極的に推し進めてきたのである。その結果、雇用の流動化が進展し、1990年代以降、派遣労働者や契約社員等の非正規労働者が増加している。「正規雇用と非正規雇用労働者の推移」（図6-9）をみると、正規労働者は1994（平成6）年以降減少し、その穴埋めをするかのように非正規労働者が増加し、非正規雇用者の比率は1994（平成6）年の20.3％から2017（平成29）年には37.3％へと著しく増加している。今や労働者の40％近くが非正規労働者である。企業が非正規労働者を活用する理由は、賃金の抑制のため（図6-10をみると、正規雇用と非正規雇用の賃金格差は

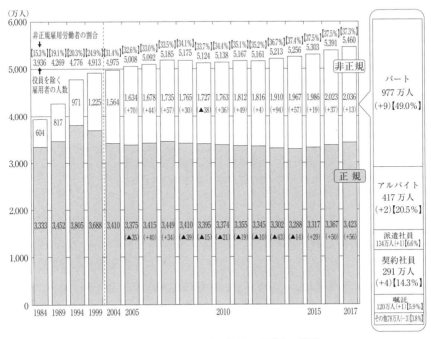

**図 6-9　正規雇用と非正規雇用労働者の推移**

注 1) 2005 年から 2009 年までの数値は、2010 年国勢調査の確定人口に基づく推計人口の切替による遡及集計した数値（割合は除く）。

2) 2010 年から 2016 年までの数値は、平成 27 年国勢調査の確定人口に基づく推計人口（新基準）の切替による遡及集計した数値（割合は除く）。

3) 2011 年の数値、割合は、被災 3 県の補完推計値を用いて計算した値（平成 27 年国勢調査基準）。

4) 雇用形態の区分は、勤め先での「呼称」によるもの。

5) 正規雇用労働者：勤め先での呼称が「正規の職員・従業員」である者。

6) 非正規雇用労働者：勤め先での呼称が「パート」「アルバイト」「労働者派遣事業所の派遣社員」「契約社員」「嘱託」「その他」である者。

7) 割合は、正規雇用労働者と非正規雇用労働者の合計に占める割合。

資料) 1999 年までは総務省「労働力調査（特別調査）」（2 月調査）長期時系列表 9、2004 年以降は総務省「労働力調査（詳細集計）」（年平均）長期時系列表 10。

出所) 厚生労働省「『非正規雇用』の現状と課題」

　　　https://www.mhlw.go.jp/content/000179034.pdf

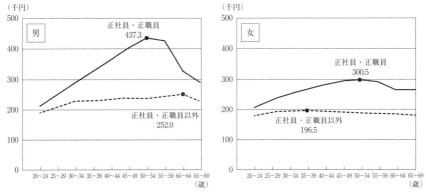

図 6-10　雇用形態、性、年齢階級別賃金

出所）厚生労働省「平成 29 年賃金構造基本統計調査の概況」より
　　　https://www.mhlw.go.jp/toukei/itiran/roudou/chingin/kouzou/z2017/dl/13.pdf

100：65.5）である。臨時的季節的業務への対応、景気変動に応じた調整弁等
が主な理由であり、不況期には「派遣切り」等の非正規労働者の解雇などが
行われ、失業者が増大した。こうした一連の労働領域の動きが、勤労世代、
特に若年者層の所得格差の拡大をもたらしているのである。

### 3　子育て世帯の貧困格差の諸相

　子どもの貧困率は先にみたように、2015 年では 13.9％であり、7 人に 1 人
が貧困ライン以下の状況に置かれている。

　子どもがいる現役世帯ではひとり親世帯と若年者層の子育て世帯の貧困率
が高い。「子どもがいる現役世帯のうち大人が 1 人」（ひとり親世帯）の貧困率
は 50.8％と非常に高く、OECD 諸国と比較してみても最悪の水準である（表
6-3 参照）。また若年者層の子育て世帯の貧困率も高いが、とりわけ夫婦の年
齢が若く、比較的低学歴で、夫の就業が不安定、妻も非正規雇用で低賃金で
あったりする世帯の貧困率が高い。そうした世帯ではなかなか貧困状態から
脱出できない場合も多くみられる。

　多くの貧困子育て家庭の場合は、複合的な問題を抱えやすく、子どもの生
育環境としては不安定な環境となりやすい。貧困子育て家庭が抱える問題は、
経済的な問題ばかりではなく、DV や子どもの虐待という問題を抱えていたり、

表6-3　子どものいる現役世帯の相対的貧困率の国際比較

| 子どもがいる世帯の相対的貧困率 | | | | | | | | |
|---|---|---|---|---|---|---|---|---|
| 合計 | | | 大人が1人 | | | 大人が2人以上 | | |
| 順位 | 国名 | 割合 | 順位 | 国名 | 割合 | 順位 | 国名 | 割合 |
| 1 | デンマーク | 3.0 | 1 | デンマーク | 9.3 | 1 | ドイツ | 2.6 |
| 2 | フィンランド | 3.7 | 2 | フィンランド | 11.4 | 1 | デンマーク | 2.6 |
| 3 | ノルウェー | 4.4 | 3 | ノルウェー | 14.7 | 3 | ノルウェー | 2.8 |
| 4 | アイスランド | 6.3 | 4 | スロヴァキア | 15.9 | 4 | フィンランド | 3.0 |
| 5 | オーストリア | 6.7 | 5 | 英国 | 16.9 | 5 | アイスランド | 3.4 |
| 6 | スウェーデン | 6.9 | 6 | スウェーデン | 18.6 | 6 | スウェーデン | 4.3 |
| 7 | ドイツ | 7.1 | 7 | アイルランド | 19.5 | 7 | オーストリア | 5.4 |
| 8 | チェコ | 7.6 | 8 | フランス | 25.3 | 7 | オランダ | 5.4 |
| 9 | オランダ | 7.9 | 8 | ポーランド | 25.3 | 9 | フランス | 5.6 |
| 10 | スロベニア | 8.2 | 10 | オーストリア | 25.7 | 10 | チェコ | 6.0 |
| 11 | フランス | 8.7 | 11 | アイスランド | 27.1 | 11 | スロベニア | 6.7 |
| 11 | スイス | 8.7 | 12 | ギリシャ | 27.3 | 12 | スイス | 7.2 |
| 13 | ハンガリー | 9.0 | 13 | ニュージーランド | 28.8 | 13 | ハンガリー | 7.5 |
| 14 | 英国 | 9.2 | 14 | ポルトガル | 30.9 | 13 | ベルギー | 7.5 |
| 15 | アイルランド | 9.7 | 15 | メキシコ | 31.3 | 15 | ニュージーランド | 7.9 |
| 16 | ルクセンブルク | 9.9 | 15 | オランダ | 31.3 | 15 | ルクセンブルク | 7.9 |
| 17 | ニュージーランド | 10.4 | 17 | スイス | 31.6 | 15 | 英国 | 7.9 |
| 18 | ベルギー | 10.5 | 18 | エストニア | 31.9 | 18 | アイルランド | 8.3 |
| 19 | スロヴァキア | 10.9 | 19 | ハンガリー | 32.7 | 19 | オーストラリア | 8.6 |
| 20 | エストニア | 11.4 | 20 | チェコ | 33.2 | 20 | カナダ | 9.3 |
| 21 | カナダ | 11.9 | 21 | スロベニア | 33.4 | 21 | エストニア | 9.7 |
| 22 | ポーランド | 12.1 | 22 | ドイツ | 34.0 | 22 | スロヴァキア | 10.7 |
| 23 | オーストラリア | 12.5 | 23 | ベルギー | 34.3 | 23 | ポーランド | 11.8 |
| 24 | ポルトガル | 14.2 | 24 | イタリア | 35.2 | 24 | 日本 | 12.7 |
| 25 | 日本 | 14.6 | 25 | トルコ | 38.2 | 25 | ポルトガル | 13.1 |
| 26 | ギリシャ | 15.8 | 26 | スペイン | 38.8 | 26 | アメリカ | 15.2 |
| 27 | イタリア | 16.6 | 27 | カナダ | 39.8 | 26 | ギリシャ | 15.2 |
| 28 | アメリカ | 18.6 | 28 | ルクセンブルク | 44.2 | 28 | イタリア | 15.4 |
| 29 | スペイン | 18.9 | 29 | オーストラリア | 44.9 | 29 | チリ | 17.9 |
| 30 | チリ | 20.5 | 30 | アメリカ | 45.0 | 30 | スペイン | 18.2 |
| 31 | メキシコ | 21.5 | 31 | イスラエル | 47.7 | 31 | メキシコ | 21.0 |
| 32 | トルコ | 22.9 | 32 | チリ | 49.0 | 32 | トルコ | 22.6 |
| 33 | イスラエル | 24.3 | 33 | 日本 | 50.8 | 33 | イスラエル | 23.3 |
| － | 韓国 | － | － | 韓国 | － | － | 韓国 | － |
| OECD 平均 | | 11.6 | OECD 平均 | | 31.0 | OECD 平均 | | 9.9 |

注）ハンガリー、アイルランド、日本、ニュージーランド、スイス、トルコの数値は
　　2009 年、チリの数値は 2011 年。
資料）OECD Family database "Child poverty", 2014.
出所）内閣府「平成 26 年版　子ども・若者白書」より
　　　https://www8.cao.go.jp/youth/whitepaper/h26honpen/b1_03_03.html

社会的孤立の問題や心と体の健康の問題等も抱えやすく、犯罪や自殺問題に関与する率も高いことが知られている。

## 4　教育格差の拡大

　わが国の場合、所得と学歴との結びつきが強いことはよく知られている。所得格差の一因には学歴格差が存在している。厚生労働省の「学歴、性、年齢階級別賃金」（図6-11）をみると、大学・大学院卒と高専・短大卒、高校卒では明らに賃金格差がみられる。また近年、親の所得水準と子の教育水準との関連も指摘されている。東京大学大学院の大学経営・政策研究センターが行った『高校生の進路追跡調査』によれば、「親の所得水準」によって「子の高校卒業後の進路」に著しい差がみられることが明らかとなった。「両親の年収別の高校卒業後の進路」（図6-12）をみると、親の年収が上がるにつれ、子の4年制大学進学率は上昇し、年収1000万超の世帯の子の4年制大学進学率は62.4％となっており、年収400万以下世帯（31.4％）の2倍にもなっていた。

　また全世帯と生活保護世帯、児童養護施設、ひとり親家庭の中学卒業後の就職率、高校進学率、高校卒業後の中退率・就職率、大学等進学率を比較している「経済状況別の進学率・就職率・中退率」（表6-4）をみると、大学等

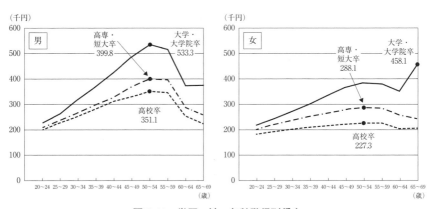

**図 6-11　学歴、性、年齢階級別賃金**

出所）厚生労働省「平成 29 年賃金構造基本統計調査の概況」より
　　　https://www.mhlw.go.jp/toukei/itiran/roudou/chingin/kouzou/z2017/dl/13.pdf

進学率（専門学校含む）に関しては、全世帯が73.30％、生活保護世帯が32.90％、児童養護施設が22.60％、ひとり親世帯が41.60％と、世帯の経済的状況によって進学率に著しい格差があることが見て取れる。図6-11でみたように、わが国では学歴と所得との結びつきが強くみられるが、このように親の所得水準が子の教育水準と強く結びつくようになると、「所得格差の親から子へ

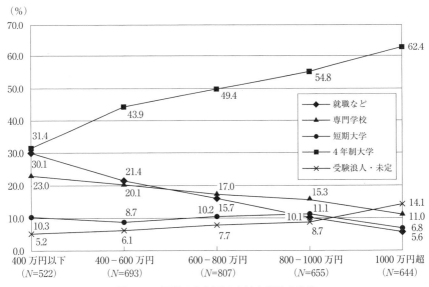

図6-12　両親の年収別の高校卒業後の進路

注1）「両親年収」は「保護者調査」（2005年11月）問25を用い、父母それぞれの税込み年収に中央値をわりあて（例えば、「500〜700万円未満」なら600万円）、合計したものを元にしている。無回答は欠損値として扱った。ただし、父親（または母親）の年齢・職業・学歴・年収のすべてが無回答という回答者については「父親（または母親）がいない」ものとみなし、父親（または母親）の年収はゼロ円とした。

2）「進路」は、「第2回高校生の進路選択に関する調査」（2006年3月）問1（4月からの進路）を用いた。無回答は欠損値として扱った。「就職など」には就職進学、アルバイト、海外の大学・学校、家業手伝い・主婦、その他を含む。「専門学校」には各種学校を含む。

3）進路の構成比（割合）の数値は、「『高校生の進路追跡調査第1次報告書』正誤表」（2008年5月。大学経営・政策研究センターホームページに掲載）による修正後のもの）。

出所）東京大学大学院教育学研究科、大学経営・政策研究センター『高校生の進路追跡調査　第1次報告書』2007年より
http://ump.p.u-tokyo.ac.jp/crump/resource/crump090731.pdf

表 6-4　経済状況別の進学率・就職率・中退率

| | 全世帯 | 生活保護世帯 | 児童養護施設 | ひとり親家庭 |
|---|---|---|---|---|
| 中学校卒業後就職率 | 0.30% | 2.50% | 2.10% | 0.80% |
| 高等学校等進学率 | 98.60% | 90.80% | 96.60% | 93.90% |
| 高等学校等中退率 | 1.70% | 5.30% | － | － |
| 高校卒業後就職率 | 17.30% | 46.10% | 69.80% | 33.00% |
| 大学等進学率（専修学校含む） | 73.30% | 32.90% | 22.60% | 41.60% |

資料）「子供の貧困対策に関する大綱」（2014 年 8 月 29 日閣議決定）。
出所）日本財団「子供の貧困の社会的損出推計」2015 より
　　　https://www.nippon-foundation.or.jp/news/articles/2015/img/71/1.pdf

の連鎖」が作り出されることになる。

## 第3節　貧困の世代間連鎖と階層構造の固定化

　一般に子育て世帯の中で貧困に陥りやすい世帯は、早婚、低学歴、不安定雇用（失業）や非正規雇用、離婚等の要因が複数重複している場合が多い。このような世帯では、親や友人・知人といった私的領域からの手助けもなく、公による子育て支援策も不十分な状況で、非正規から正規雇用への転換の道、職能獲得へ向けての再教育支援の道も閉ざされてしまっている場合が多い。こうした状況が重なれば、「貧困の固定化」が進展するとともに、世代を超えての「貧困の連鎖」も進んでいくことになる。

　阿部（2012：77-98）は、「貧困の経路」の分析から「子ども期の貧困が低学歴を引き起こし、非正規労働となる確率を高め、現在の低所得を誘発している」こと、ならびに子ども期の貧困が「直接的に現在の生活困難を引き起こしている」ことを明らかにしている。つまり、貧困の世代間連鎖と階層構造の固定化が進んでいることを明らかにしているのである。格差の拡大や格差社会の進展をみる際には、「次世代」に与える影響ということが考慮されなければならない。「結果としての不平等（格差）」が新たな「機会の不平等（格差）」を生み出してしまっているのである。将来を担う子どもたちには、少なくとも機会の平等が確保される必要がある。そのためには、労働領域、教育領域、社会福祉や社会保障制度等を含めた全体的な施策や制度在り方の転

換が必要とされている。

　北欧の国スウェーデンの家族政策の前提となっているのは「子どもは親を選べない」という考え方である。家族の多様化が進展する中、将来を担う子どもには、最低限共通の生活水準が保障されるべきであるという観点からの家族政策が展開されている。少子高齢化が著しく進展し、家族の小規模化と多様化が進展しているわが国においても、格差の拡大や階層構造の固定化に対する大胆な対応策が推し進められていく必要がある。

　その際のキータームは、貧困・格差の是正と機会の平等の達成、教育格差の是正と教育の保障、正規・非正規ならびに男女の賃金格差の是正と雇用の弾力化、ワークシェアリングや正規雇用型パートタイム労働、積極的労働市場政策やフレクシキュリティ（雇用の柔軟性、手厚い社会保障、積極的労働政策の3つを組み合わせた労働市場政策）、ソーシャル・インクルージョン（第11章第3節参照）や社会参加、持続可能な地域社会の創造や共生社会の実現等であろう。

　労働領域における格差の是正と雇用の弾力化を進めるとともに、教育の機会を保障し、人と人とのつながりの再構築を含めた社会保障制度や社会システムの再構築化が求められているのである。

■引用・参考文献

阿部彩 2012年「子ども期の貧困と成人期の生活困難」西村周三監修 国立社会保障・人口問題研究所編『日本社会の生活不安』慶応義塾大学出版会

岩井浩・福島利夫・菊地進・藤江昌嗣編著 2009年『格差社会の統計分析』北海道大学出版会

神保哲生・宮台真司・山田昌弘・斎藤貴男他 2009年『格差社会という不幸』春秋社

西村周三監修 国立社会保障・人口問題研究所編 2012年『日本社会の生活不安』慶応義塾大学出版会

佐藤嘉倫・尾嶋史章編 2011年『現代の階層社会（1）』東京大学出版会

坂井素思・岩永雅也編 2011年『格差社会と新自由主義』放送大学教育振興会

橘木俊詔 2006年『格差社会』岩波書店

山田昌弘 2004年『希望格差社会』筑摩書房

# 第7章　社会問題と社会的孤立

## 第1節　社会問題としての自殺問題

### 1　日本の自殺対策

　日本は自殺を許容する文化があるといわれる一方で、自殺に対する差別や偏見も根強い。しかしながら自殺を個人の問題に帰するのではなく、社会問題として捉える契機となったのは、自殺者数が急増し3万人超となった1998年前後と考えてよいであろう。

　1996（平成8）年、世界保健機関（WHO）は自殺を予防可能なものとして、自殺対策のガイドラインをまとめ、国連加盟国に配布した。日本では、2000（平成12）年に策定された「健康日本21」（21世紀における国民健康づくり運動）に、施策として初めて自殺予防対策が組み込まれ、2010（平成22）年までに自殺者を2万2000人以下とする数値目標が掲げられた。また同年に策定された「健やか親子21」にも、10代の自殺死亡率を減少させることが目標に掲げられた。

　また厚生労働省は、長時間勤務やサービス残業による過労自殺に対して、産業保健の観点から「職場における自殺の予防と対応」（労働者の自殺予防マニュアル）を2001（平成13）年にまとめた。

　その後も厚生労働省は自殺予防についての基本的な考え方の提言を行った。それと並行して、「自殺防止対策有識者懇談会」を開催し、多角的な検討と包括的な自殺予防活動の必要性を提言にまとめた。

　しかし、この時点までに出された対策は、部分的なものにすぎなかった。自殺対策を行ううえでの実態調査は十分に行われていなかった。そのような状況の中で、一部の遺族が声を上げた。2001（平成13）年12月に、親を自殺

で亡くした遺児の代表が総理大臣を訪問し、自殺防止の取組みを陳情した。この他にも一部の遺族が社会全体で自殺防止に取り組む必要性を訴えるようになり、自殺の実態が明らかとなる糸口となった。

　こうした遺族の声は法制化の動きにもつながった。2006（平成18）年、国会内に超党派の「自殺防止対策を考える議員有志の会」が結成された。この有志の会に対して、「自殺対策の法制化を求める要望書」を提出した自殺予防活動や遺族支援に取り組む民間団体が中心となって6月に10万人余りの署名を参議院議長に提出した。有志の会が提出した自殺対策基本法案は国会で可決され、6月21日公布、10月28日施行となった。

　自殺対策基本法の施行により、様々な形での対策がなされた成果が徐々にみられるようになってきている。施行から10年を経て2016年に改正された。併せて自殺総合対策大綱も2017年に改正された。その理念は「誰も自殺に追い込まれることのない社会の実現」である。自殺者数は2012（平成24）年以降、3万人を下回っているが、依然として高い水準であり、自殺の背景を含めて検証すべき点が多い。

　自殺統計によると、自殺者の背景で多いのは「健康問題」である。自殺に至った原因や動機として、「うつ病」が広く知られるようになってきた。自殺予防対策として、うつ病の早期発見・早期治療が示されているが、それだけでは十分ではない。民間団体が行った自殺した人の身近な存在である遺族への聞き取り調査（特定非営利活動法人自殺対策支援センターライフリンク 2013）によると、自殺の原因や動機は一つではなく、少なくとも4つの要因が複合的に絡み合ったものだという。また最初の要因を抱えてから自殺で亡くなるまでの年月は、性別や年代、職業や雇用形態等によって異なるという。有職者の場合でみると、仕事上のトラブルを抱え、それを解決しようと奮闘していくものの望むような結果が得られず、助けも得られないまま心身の不調を抱えていく。そうした状況の中で「死」へと追い込まれていくのは、心理的な視野狭窄であるともいわれている。自殺についての意見として「生死は最終的に本人の判断に任せるべきである」と考える人が約4割いる（厚生労働省 2018a）が、自殺に至る背景を検証していくと、本人の判断が可能な状態では

ない中で自殺が発生していることが明らかとなる。最終的な行為に追い込まれる背景からは、社会構造上の問題がみえてくるのである。

　生きづらさを抱え、自殺へと追い込まれていく人は何らかのサインを出すから、周りの人の気づきが大切であると改正前の大綱では謳っていた。しかし実際はサインに気づくことは難しい。それでも周囲にいる私たちが身近な人の変化に気づき、声をかけ、話を聞き、必要に応じて適切な専門家につなぎ、温かく見守ることが求められている。

## 2　今後の課題：若者の自殺対策

　1998 年に自殺者 3 万人と大きく報道された際に「中高年男性の自殺者数の増加」が指摘されていた。今日でも中高年の男性の自殺者数は依然として多いものの、減少傾向にある。それに対して、男女ともに若い世代の自殺者数はほぼ横ばいである。年代別の死因順位をみると、15 歳から 39 歳の各年代の死因の第 1 位は自殺である。先進国の中で 15 歳から 34 歳までの死因 1 位が自殺であるのは日本だけで、その死亡率も他国に比べて高い（図 7-1）。

　また自殺者の自殺未遂歴「あり」の割合が高いのも男女とも 20 代である。年齢が低くなるほど、自殺念慮や自殺未遂の経験率が高まる（厚生労働省 2018b）ともいわれている。さらに 10 代の若者の 10％前後に自己切傷の経験

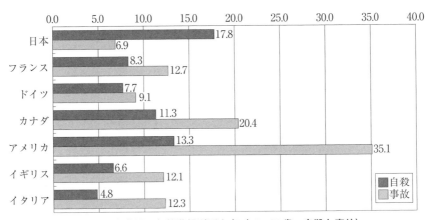

図 7-1　先進国の年齢階級別死亡率（15〜34 歳、自殺と事故）

注）「死亡率」とは、人口 10 万人当たりの死亡者をいう。
出所）厚生労働省『平成 30 年版　自殺対策白書』p.13（一部修正）

があるという調査結果（臨床死生学テキスト編集委員会 2014）もある。かつては自己切傷や過量服薬といった自傷行為をするのは、死にたいからではなく、故意に非致死的な損傷を自らの身体に加える行為で、周囲の注目を引きたかったからだと考えられていた。だがそういいきれない。反復されることによって死への親和性を高めることもある。また自己コントロールを失って致死的な結果を招くこともある。

そこで若者の自殺予防教育として注目されているのが「SOSの出し方教育」である。自傷経験のある若者の多くは、自分を大事にできないという。そうした若者に命の大切さを訴えるような道徳教育は通じない。「SOSの出し方教育」に早くから取り組んでいる東京都足立区では、信頼できる大人に話すことを勧めている。しかし生徒の中には相談することが下手な子もいる。一方の教員の側でも信頼されようと努力するが、受け止めきれずに対応に苦慮しているケースがある。お互いのコミュニケーション能力の向上が課題であるが、一人で抱え込まないこと、共有する誰かをみつけることがカギとなる。

## 第2節　社会問題としてのドメスティック・バイオレンス

### 1　DV防止法成立までの経緯

ドメスティック・バイオレンス（domestic violence、以下、DV）のもともとの意味は「家庭内暴力」だが、日本で「家庭内暴力」というと、一般には、子どもから親への暴力を指す場合が多い。夫婦間や恋人など「親密な」間柄の中で起こる暴力のことを指す場合には、DVを用いることが多い。「親密な」間柄とは、一般に法的な婚姻関係にある夫婦、内縁関係にある夫婦、婚約者、付き合っている恋人を指すが、別居中の夫婦、前夫、前妻、元婚約者、以前付き合っていた恋人等も含む場合が多く、かなり幅広い概念となっている。またDVという呼称は、性中立的であり、女性から男性への暴力も当然含むが、一般的には、男性から女性に対する暴力という意味で使用される場合が多い。

男性から女性に対する暴力が表面化し、顕在化してきた背景としては、これまで権利主体として捉えられにくかった妻（女性）の人権が、国連等の場

を通じた国際的な動きの中で明確に位置づけられ、確立してきたことが大きく影響している。DV は家族問題であり、家族の関係性の問題でもあり、また社会構造的な問題としても考えられるようになった。

　日本国内での DV に関する最初の動きは、1995（平成 7）年の第 4 回世界女性会議で採択された「北京宣言及び行動綱領」に基づき、1996 年 12 月に「男女共同参画 2000 年プラン―男女共同参画社会の形成の促進に関する平成 12（2000）年度までの国内行動計画―」が策定されたことである。この計画には「女性に対するあらゆる暴力の根絶」がその重要目標の一つとして掲げられた。1997（平成 9）年度に東京都が都民を対象に「女性に対する暴力に関する調査」を実施した。また政府は「男女間における暴力に関する調査」（総理府 2000）を実施した。いずれの調査結果からも、暴力被害体験を持つと回答した女性の存在が明らかになった。総理府の調査結果によると、「命の危険を感じるくらいの暴行を受けたことがある」と回答した女性が 4.6 %、「医師の治療が必要となる程度の暴行を受けたことがある」と回答した女性が 4.0 %、「医師の治療が必要とならない程度の暴行を受けたことがある」と回答した女性が 14.1 %、「あなたが嫌がっているのに性的な行為を強要されたことがある」と回答した女性が 16.6 %いた。日本においても DV が決して特別なことではないということを意味している。これらの調査結果を受けて、「配偶者からの暴力の防止及び被害者の保護に関する法律」（略称 DV 防止法）が 2001（平成13）年 4 月に成立、同年 10 月に施行した。

## 2　DV 防止法の適用範囲

　日本の DV 防止法は、男女問わず被害者救済を謳ったものであるが、2001年成立当初、その法律の適用範囲を「事実婚を含む配偶者からの身体的暴力」に限定していた。しかしその後の改正により適用範囲が拡大された。現在では、配偶者、元配偶者だけでなく、生活の本拠をともにする交際相手からの暴力にも適用され、身体的暴力だけでなく、精神的暴力や性的暴力も含まれている。生命・身体に対する脅迫に対しては保護命令の申立ても可能で、その内容としては、被害者に対する電話・電子メール等の禁止や被害者の親族等への接近禁止命令がある。被害者の相談窓口である「配偶者暴力相談支

援センター」についての機能確保も市町村の努力義務と位置づけられた。2013（平成25）年の改正で、正式名称が「配偶者からの暴力の防止及び被害者の保護等に関する法律」と変更された。

　この法律は、夫婦間の暴力が犯罪だとしたことは評価されているが、被害者の保護・救済のみの規定であり、加害者に対するアプローチが今後の課題とされている。また恋人間の暴力は適用されないため、不十分だとする声もある。

## 3　DV に関する構造的理解

　アメリカのミネソタ州ドゥルース市のDV介入プロジェクトが作成した「パワーとコントロールの車輪」（power and control wheel）は、全米のシェルターの共通認識として広く普及している有名な図である（図7-2）。外輪には、誰の目にもみえやすく、かつ暴力としても認識されやすい身体的暴力を描いて

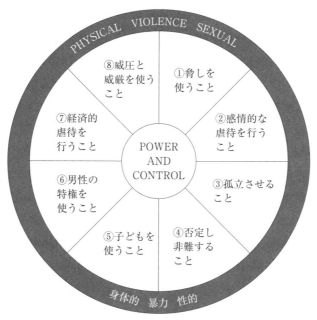

**図7-2　パワーとコントロールの車輪**

出所）夏刈康男・石井秀夫・宮本和彦編著『不確実な家族と現代』八千代出版、2006 年、p.205

いる。一方、内輪には、外部からはみえにくく、かつ暴力とは認識されがたい非身体的暴力を描いている。非身体的暴力の形態は、①脅しを使うこと、②感情的な虐待を行うこと、③孤立させること、④否定し、非難すること、⑤子どもを使うこと、⑥男性の特権を使うこと、⑦経済的虐待を行うこと、⑧威圧と威厳を使うこと、の8つに分けられている。身体的暴力として表れたDVの背後には、必ずこうした非身体的暴力が存在している。また逆に、身体的暴力が顕在化していなくても、こうした非身体的暴力の行使によって、被害者は加害者による支配の構造へと取り込まれていくようになる。これは、身体的暴力と非身体的暴力の一体不可分の関係を示し、男性による女性への支配-服従関係が構造化されていく姿を描いているのである。「男女間における暴力に関する調査」（内閣府 2018）でも暴力被害を受けた時、別れた人は10.8%であったが、別れようと思ったが別れなかった人は36.6%であった。その理由としては、「子どものことを考えて」や「経済的な不安」が高率である。支配の構造に取り込まれているとも考えられるだろう。

## 第3節　社会問題としての児童虐待

### 1　児童虐待防止法成立まで

　子どもがその子を庇護すべき大人によって傷つけられ、命を落とすといった痛ましい事件が後を絶たない。児童虐待もDV防止法と同じく、国際社会の動きを受けて、日本の法制化が進んだ。

　1989（平成元）年の国連総会において「子どもの権利に関する条約」が採択された（日本は1994年に批准）。この条約には、生存の権利、発達の権利、保護の権利というこれまでの3つの基本的権利保障に加え、参加の権利という新たな権利保障が盛り込まれるとともに、虐待に関しても、第19条に「子どもの虐待・ネグレクト・搾取からの保護」、第34条に「性的搾取・虐待からの保護」が明記された。「子どもの虐待からの保護」がこの法的拘束力の強い国際条約の中に盛り込まれた点は画期的なことであり、その後に大きな影響を持つものとなった。

　この「子どもの権利に関する条約」の国連採択を受け、日本でも子どもの

権利や児童虐待等の問題への関心が高まった。1990年からは、児童相談所における虐待相談処理件数の公表が始まった。また同年、大阪に民間団体の児童虐待防止協会が発足し「子どもの虐待ホットライン」が開設された。翌年には東京都子ども虐待防止センターが設立され「子ども虐待110番」を開設した。こうした電話相談を契機に具体的な支援が展開されるようになった。1995年に日本子ども虐待防止協会が設立され、1997年には子どもの権利擁護と子どもの自立支援を柱とした児童福祉法の改正が行われた。2000年5月には「児童虐待の防止等に関する法律（略称児童虐待防止法）」が成立し、同年11月に施行した。

## 2 児童虐待防止法の適用範囲

2000年の成立当初は、親権者や未成年後見人といった保護者がその監護する18歳未満の者に対する身体的虐待、性的虐待、ネグレクト、心理的虐待を児童虐待と定義していた。その後の改正の中で、保護者以外の同居人の虐待行為や子どもの目前でのDVも児童虐待と定義した。また社会的養護の対象児童への虐待を「被措置児童等虐待」と定義し、児童養護施設などの職員による施設内虐待や、里親家庭、児童相談所などの一時保護所などでの虐待防止も追加された。

被虐待児童を保護するためには発見と通告が不可欠である。施行当初は、学校教職員、児童福祉施設職員、保健師、弁護士、医療関係者等に強く求めていた。2004（平成16）年改正では、通告義務が拡大され、児童虐待を受けたと「思われる」児童も通告義務の対象とし、市民に対しても、被虐待児童の早期発見に協力を求めたのである。

また被虐待児童の保護にあたり、子どもの安全確保のために必要とあらば警察署長への援助要請をしなければならないとした。さらに、親の同意が得られない場合、一定の手順を踏んだ後、裁判所の許可を得て強制立入ができるようになり、児童相談所の権限が強化された。被虐待児童の保護を親権者が阻む場合には、児童虐待の防止等を図り、児童の権利を擁護する観点から、親権の停止制度が2011（平成23）年6月の民法改正に伴い創設された。

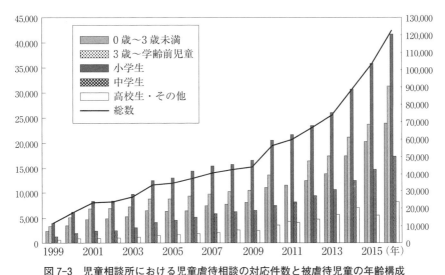

図 7-3　児童相談所における児童虐待相談の対応件数と被虐待児童の年齢構成

出所）子どもの虹情報研修センター「虐待を受けた子どもの年齢構成の推移（児童相談所）」
　　　http://www.crc-japan.net/contents/situation/pdf/situation_graph04.pdf

## 3　児童虐待の実態

　児童相談所での児童虐待相談件数は増加し続け、毎年度過去最多を更新している（子どもの虹情報研修センター 2018）。相談内容別でみると、かつては身体的虐待の割合が高かったが、2013（平成 25）年度以降は心理的虐待の割合が上回り、相談件数の半分を占めている。主たる虐待者は、実母、実父の順に多い。被虐待児童を年齢構成別でみると、学齢前の子どもを合計した割合が高い（図 7-3）。虐待行為の背景には親自身の人間的な未熟さ、親の幼少期の体験、貧困、社会的な孤立、子どもの発達障害に対する知識のなさ等が挙げられる。

　また虐待により子どもが死亡した事例に注目すると、心中は近年減少傾向にあるが年間 20 件程度、心中以外の虐待死は年により件数の増減はあるものの年間 50 件前後発生している（厚生労働省 2018c）。心中で死亡した子どもは 0 歳から 17 歳までの各年齢に分布している。心中に至った背景には、保護者の精神疾患や精神不安が多く、実母の精神疾患や子どもの障害について

相談・対応している中で発生した事例もあった。心中以外で死亡した子ども
では０歳児が最も多い。身体的虐待等による生命の危険に関わる受傷、また
は「養育の放棄・怠慢」等のために衰弱死の危険性があった重症事例におい
ても０歳児が最も多い。いずれの場合も主たる加害者の半数以上が実母であ
る。実母が抱える問題には、若年妊娠、望まない妊娠、妊婦健康診査未受診、
母子健康手帳未発行、乳幼児健康診査未受診が多い。

## 4 児童虐待に関する構造的理解

　児童虐待防止法によって定義づけられたものの、従来一般に「児童虐待」
と考えられてきたのは、「明らかに心身の問題が生じている」場合だけであ
った。しかし諸外国では「虐待（abuse）」という概念よりも広い意味合いを
持つ「マルトリートメント（maltreatment）：大人の子どもに対する不適切な
関わり」という概念も一般化している。この概念は、身体的暴行、不当な扱
い、明らかに不適切な養育、事故防止への配慮の欠如、言葉による脅し、性
的行為の強要などによって、「明らかに心身の問題が生じている」場合のみ
ならず、「明らかに危険が予測されたり、子どもが苦痛を受けている」場合
も含んだ概念である。子どものウェルビーイング（well-being）の実現、すな
わち子どもの人権の尊重・自己実現の促進という観点や問題の深刻化や重度
化を予防するという観点からすれば、虐待問題への対応には、こうした幅広
い概念が必要である。

　表7-1で示した虐待の決定因は、生態学的モデルにより整理されたもので
ある。個人の持っている特性を個体発生レベル、個人が直接相互作用してい
る家族や仲間、家族と近所の仲間集団との相互作用をミクロシステムレベル、
子どもの親の職場での人間関係や地域社会との関係をエクソシステムレベル、
これら３つのシステムすべてに影響を与える文化や社会規範、イデオロギー
等をマクロシステムレベルと区分している。

　虐待の連鎖という言葉があるが、幼少期に虐待を受けた者が大人になり、
親になったからといって必ずしも虐待を繰り返すわけではない。確かに親自
身の被虐待経験は虐待のリスク因子ではあるが、もう一方の親とはポジティ
ブな関係を持っていたり、学校の仲間ともポジティブな関係を形成していた

表 7-1　虐待の決定因

| | 個体発生レベル | ミクロシステム<br>レベル | エクソシステム<br>レベル | マクロシステム<br>レベル |
|---|---|---|---|---|
| 補償因子 | 高い IQ<br>過去に受けた虐待の<br>　自覚<br>一人の親とポジティ<br>　ブな関係を持って<br>　いた経験<br>身体的魅力<br>対人関係がよい | 健康な子どもたち<br>支持的な配偶者<br>経済的な安定<br>貯金がある | 十分な社会的支援<br>ストレスフルな出来<br>　事が少ない<br>強い、支持的な宗教<br>　活動<br>学校でのポジティブ<br>　な仲間関係<br>治療的介入 | 地域の子どもたちを<br>　ともに育てるとい<br>　う感覚を促進する<br>　文化<br>暴力に反対する文化<br>経済的繁栄<br>特別な才能 |
| リスク因子 | 虐待を受けた経験<br>低い自己評価<br>低い IQ<br>対人関係がうまく持<br>　てない | 夫婦の不和<br>問題行動を持った<br>　子ども<br>未熟児あるいは病<br>　気を持った子ど<br>　も<br>単親<br>貧困 | 失業<br>孤立、社会的支援が<br>　得られにくい<br>子どもの時、仲間関<br>　係がよくなかった | 体罰を容認する文化<br>子どもを所有物とみ<br>　なす文化<br>経済的状況 |

出所）夏刈康男・石井秀夫・宮本和彦編著『不確実な家族と現代』八千代出版、2006 年、
　　　p.212

り、支持的な配偶者がいたり、十分な社会的支援があったり等々、虐待の発
生を防止する補償因子があれば、必ずしも虐待が発生するとは限らないから
である。また未熟児（低出生体重児）や問題行動を持った子どもは育てにくい
面があるため虐待を受けるリスクが高いとされるが、多くの場合は普通の親
子関係を形成している。それは十分な社会的な支援を得られる状況であった
り、経済的な安定感があったりすること等の補償因子があるからであろう。
逆に個体発生レベルにリスク因子はみられないが、ミクロシステムレベル、
エクソシステムレベル、マクロシステムレベルにおいてリスク因子が多くな
れば、虐待の発生可能性は高まったりするのである。虐待の発生防止には、
ただ単にリスク因子だけを問題にするのではなく、全体としてのシステムに
配慮し、補償因子も考慮に入れて、それらを強化する支援が必要とされてい
る。

## 第4節　社会問題化の背景としての社会的孤立

　本章で取り上げた自殺、DV、児童虐待は、いずれも個人的なもの、または各家庭での出来事として当事者の問題と考えられてきた。それが社会問題化し、法制化され、社会での取組みが進んできている背景には、それぞれの発生件数が多く、インパクトの大きいものや事件性の高いものが含まれるからだけではない。そこに潜むのは、誰にでも、またどの家庭にも起こりうることだからである。

　自殺、DV、児童虐待それぞれの発生の背景に関して検証が進められてきている。その過程でわかってきたことは、一つひとつの事象だけを取り上げるのではなく、そこに至る複合的で包括的な視点の必要性である。何か一つのことがきっかけとなってある事象が起きたとしても、それはその事象の当事者にとってはごく一部分をみているにすぎない。第3節の児童虐待で虐待の決定因として示したのは、リスク因子が補償因子を上回った状況で虐待が発生することであった。これは自殺に関しても、DVに関しても同様のことがいえる。これらに共通するリスク因子が社会的孤立である。自殺においては、追い込まれていく過程で、誰かとポジティブな関係を持てたならば、自殺を防ぐことができるかもしれない。だからこそ、SOSを出せる教育をしたり、誰かに話すことの意義を伝えたりしている。DVにおいても暴力に支配される日常から、助けを求めることによって、または助けを受け入れることによって暴力の支配から逃れることに踏み出せるかもしれない。家族関係、友人関係、職場の在り方やそこでの人間関係、地域とのつながりや地域の中に存在する様々な社会資源や社会福祉制度、社会保障制度の在り方、それらとの関係の中で問題の発生を確認し、その人がどのように主体的に、その人らしく、それらとの関係を再構築していくのかがカギとなる。その方向性を見出し、その実現に向けて支援していくことが問題解決につながる。

■引用・参考文献

子どもの虹情報研修センター 2018 年「児童虐待の現状と対応」
　　http://www.crc-japan.net/contents/situation/index.html（2018 年 11 月 1 日
　　閲覧）

厚生労働省 2018 年 a『平成 29 年版　自殺対策白書』pp.61-62

厚生労働省 2018 年 b『平成 29 年版　自殺対策白書』pp.71-72

厚生労働省 2018 年 c「子ども虐待による死亡事例等の検証結果等について（第
　　14 次報告）の概要」（平成 30 年 8 月）
　　https://www.mhlw.go.jp/content/11900000/000362706.pdf（2018 年 11 月 1 日
　　閲覧）

内閣府 2018 年「男女間における暴力に関する調査（平成 29 年度）」
　　http://www.gender.go.jp/policy/no_violence/e-aw/chousa/h29_boryoku_cy-
　　ousa.html（2018 年 11 月 1 日閲覧）

夏刈康男・石井秀夫・宮本和彦編著 2006 年『不確実な家族と現代』八千代出版

臨床死生学テキスト編集委員会編 2014 年『テキスト臨床死生学』pp.85-95

総理府 2000 年「男女間における暴力に関する調査（平成 11 年度）」pp.6-52
　　http://www.gender.go.jp/policy/no_violence/e-vaw/chousa/09.html（2018 年
　　11 月 1 日閲覧）

特定非営利活動法人自殺対策支援センターライフリンク 2013 年「自殺実態白書
　　2013（第 1 版）」
　　http://www.lifelink.or.jp/hp/Library/whitepaper2013_1.pdf（2018 年 11 月 1
　　日閲覧）

# 第8章　医療の格差と高度化

## 第1節　医療の高度化

　医療の発展は日進月歩である。昭和 30 年代の高度経済成長期は、全体として生活水準が向上し、栄養状態の改善、衛生環境の向上、医療技術の向上が進んだ。それにより感染症を中心とする疾病構造が大きく変化した。国民病といわれ、不治の病と恐れられていた結核に関しても、ストレプトマイシンなどの抗生物質や BCG 予防接種が普及し、死亡率の改善がみられた。また 1965 年制定の母子保健法により、母子に対する健康診査や健康指導が推進され、乳幼児死亡率の改善に大きな影響を及ぼした。医療技術の向上は疾病や障害の早期発見に貢献したのである。その後も健康増進（ヘルスプロモーション）活動と健康教育、早期発見・早期治療を促す健診活動等を盛り込んだ老人保健事業を創設し、生活習慣病対策が行われてきている。

　がんは必ずしも生活習慣によって発症するわけではないが、生活習慣病の一つに位置づけられている。多くの人にとってがんは、死に至る恐ろしい病気というイメージが強く根づいている。それは、1981（昭和 56）年以降、日本人の死因で最多であるからかもしれない。2016（平成 28）年では、年間 37 万人以上ががんで亡くなり、死亡原因全体の約 3 割を占める。それでも、がんという診断が死に直結しているかのような考えは、もはや古いといえるであろう。死亡者数が多いのは、高齢化との関係であり、75 歳未満年齢調整死亡率は全国的に減少傾向にある。日本人の 2 人に 1 人は、生涯のうちで一度はがんにかかるといわれ、がん患者の約 3 割は働く世代であり、働きながら治療を継続する患者も増えている。つまり「がんとの共生」が可能となっている。これは治療技術の向上だけでなく、早期発見から早期治療へとつな

ぐ技術や症状緩和の技術等も進歩したからである。

　今日の医療の発展、医療の高度化を語るうえで注目を集めている、粒子線治療とオプジーボをみていこう。

　粒子線治療とは、陽子線治療と重粒子線治療の総称で、放射線治療の一つである。従来の放射線治療とは異なり、放射した患者の体内で放射線量が最大となる仕組みを持ち、よりピンポイントに狙いを定められることから、身体の奥深くにあるがんに対しても高い治療効果が望める。国内でがんに対して陽子線治療が開始されたのは1979年、重粒子線治療が開始されたのは1993年であるが、あまり普及していない。2018年12月現在、陽子線治療が可能なのは14か所、重粒子線治療は5か所である。普及しない理由は、これらの治療には巨大な施設と装置が必要で、陽子線治療の装置に約80億円、重粒子線治療の装置に120億円かかるためだといわれている。コストが高すぎるため、限られた施設でしか運用できない。それゆえ、治療者も育たないと考えられている。

　患者の側からいえば、費用負担の問題がある。粒子線治療は一部のがんに対しては保険が適用されているが、それ以外は先進医療として位置づけられている。先進医療とは、厚生労働大臣が定める最先端の治療技術で、多くのがん治療の技術が含まれているが、保険が未適用のため、全額自己負担となる。粒子線治療の場合、約300万円全額が自己負担となる。一部の医療施設では、粒子線治療を希望する患者に対し、銀行のローンを斡旋しているところがある。そのローンの利子を補助するという仕組みが作られている自治体もある。また月々数百円の加算で先進医療の高額な自己負担を賄うことができる、民間の保険会社による先進医療特約つきの医療保険が登場し、今日までに広く普及し、各保険会社の主要商品となっている。

　次にオプジーボをみていこう。オプジーボはそれまでのがん治療薬とは違い、免疫機能に働きかける治療薬で、2018年度のノーベル医学生理学賞受賞で話題になった。あらゆるがんに対して治療効果があるように紹介され、がん患者や家族から各地の医療施設へ問い合わせが殺到した。ノーベル賞受賞前から話題になったのは薬価の引き下げについてである。当初メラノーマ

という皮膚がんに対しての治療効果が認められ、保険適用された。保険適用されているメラノーマの患者数は、がん患者の中では多くない。利用頻度が高くないため高価なままであった。その後、肺がんに対しても効果が高いとの報告が出始めたが、保険適用に至らなかった（2018年現在、一部の肺がんは保険適用となった）。保険適用外のため肺がん患者が1年間使用すると3500万円かかるといわれていた。2016年11月、政府はオプジーボの価格を50%値下げすることを決めた。その後、2018年4月と11月にも薬価改定があり、保険収載時の約76%にまで下がった。値下げしたのは、将来的に保険適用された場合、財政の負担が重くなるからである。

　医療の高度化は、治療効果が期待できたり、治療の副作用の軽減が図られたりする。医療者はそれらを目指しているだろうし、患者もそれらを期待している。ここで取り上げた粒子線治療やオプジーボは、夢の治療法、夢の新薬と期待されたものではあるが、効果が示されたのは限定された状態で、効果がみられなかったケースや使用の対象外とされたケースもある。新しい治療法や新薬がそれまでの治療法や薬に代わる有効なものかどうか、先進医療や新薬が従来の治療法や治療薬に勝っているかどうかは、検証の途上でわからないのである。患者にとっては費用負担が大きな問題ともなる。

## 第2節　日本の医療保険制度

　ここで簡単に公的な医療保険制度について説明しておこう。日本は1961（昭和36）年以降、国民皆保険制度となっている。医療保険は一種の社会保険であり、保険料と税金で運用されている。病気やけが等での収入減少で生活が成り立たなくならないようにといった、防貧対策にもなっている。だから病気やけがにより医療機関で医療サービスを受け医療費が生じても、窓口での自己負担は医療費の一部で済む。

　医療にかかる費用には、保険で賄われるもの（保険診療）とそうでないもの（保険外診療）とがある。保険診療と保険外診療は原則併用できない（混合診療の禁止）。例外としてあるのが保険外併用療養費制度で、評価療養、患者申出療養、選定療養に関して適用される。保険外併用療養費制度が適用され

ると、入院基本料など保険適用部分はその患者の自己負担割合、それに上乗せする形で保険適用外の費用負担となる。

　評価療養とは将来的に保険導入を目指すもので、先進医療や治験に係る診療等がそれに該当する。選定療養とは保険導入を前提としないもので、差額ベッドの費用などがそれに該当する。患者申出療養とは評価療養と同じく将来的に保険導入を目指すものだが、未承認薬等を迅速に使用したいという患者の申出を起点とする仕組みで 2016 年度より運用されている。患者申出療養は、患者の選択肢が大幅に広がる、高額な保険外診療の増加による新たな成長戦略として創設された。従来、未承認薬の使用の審査には 3〜6 か月かかっていたものを原則 6 週間以内に短縮するというのが特徴の一つである。しかし制度開始までの経緯の中では、国民皆保険制度の崩壊をもたらす、医療の格差拡大につながるとして反対意見も出されていた。

　高額な医療費となった場合には、高額療養費制度を利用することによって、所得と年齢に応じた自己負担額以上の負担はしなくて済む。ただし医療にかからない場合でも必要となる食費や居住費、患者の希望によってサービスを受ける差額ベッド代や先進医療にかかる費用等は、その対象ではない。保険外併用療養費制度によって、患者が受ける医療サービスの選択肢は広がることで、公平なサービス分配にプラスされる部分での格差の広がりは否めない。

## 第3節　日本の医療費

　国民医療費とは、日本で 1 年間にどれくらいの費用が医療に使われたのかを示す数値である。2016（平成 28）年度の国民医療費は 42 兆 1381 億円で、前年度に比べわずかながら減少したものの、昭和 30 年代の約 40 倍、1989（平成元）年の 2 倍強に増加している。また近年の国民医療費は国民所得の約 10％を占め、国民所得の伸びを上回る勢いで推移している（図 8-1）。

　日本の医療供給体制は、医療法に基づき医師による自由開業制のもと、民間医療施設の整備が進められてきた。病院の約 6 割は 100 床以上あり、大規模化が進んでいる。また人口 1000 人あたりの病床数を欧米諸国と比べると高い水準にある。病床数の多さが患者の在院日数を長くし、それが医療費を

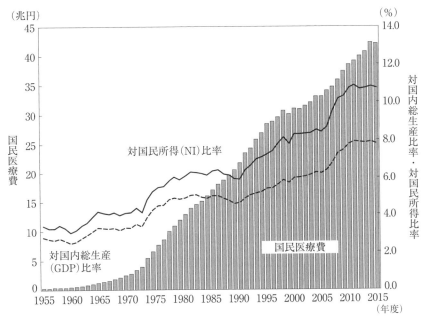

**図 8-1　国民医療費・対国内総生産・対国民所得比率の年次推移**

出所）厚生労働省「平成 28 年度　国民医療費の概況」p.3

押し上げている一要因でもある。

　1985（昭和 60）年の第一次医療法改正は、医療施設の量的規制を図り、医療施設の量的拡大に終止符を打ち、地域的偏在の解消を図る転換点となった。さらに 1992（平成 4）年の第二次医療法改正では医療施設の垂直的機能分化と水平的機能分化が推し進められるとともに、その連携へ向けての動きが進められるといった病院・病床の役割分化が明確化された。以降、医療費をいかに削減するかは政策の要の一つである。

　先進国共通の課題である生活習慣病は、疾病全体に占める割合でいうと、医療費の約 3 割を占める。長年の生活習慣により重篤化し、高齢期に入って受療・入院に至る。入院受療率が高まるのは 75 歳以上である。入院期間も年齢が高いほど長期化の傾向がある。高齢者一人あたりの医療費は、受療率の高さゆえ、若年層の約 4 倍に相当する。日本の高齢化率は 2017（平成 29）

年で 27.7％に達しているため、医療費増加の背景の一つに高齢化も挙げられるのである。

　医療費適正化対策としてこれまでに、患者の自己負担率の引き上げ、介護保険制度の創設、診療報酬等の引き下げを実施してきた。患者の自己負担率を引き上げた当初は受療行動が変化し、医療費の伸びを抑制するが、その効果は1年程度であった。しかし近年の医療保険者の財政上の厳しさは制度の持続性さえ危ぶまれてしまう。そこで医療保険制度の財政基盤の安定化や負担の公平化、医療費適正化の推進を含んだ社会保障制度改革プログラム法が2018（平成30）年度より順次施行されている。

## 第4節　様々な格差

　日本の医療サービスは、国民に公平に分配されるよう仕組みが作られたが、生活の向上と医療の高度化によって、選択の幅を求めるようになってきた。その結果、様々な格差が生まれてきている。

### 1　情報格差

　国民皆保険制度によって私たちは標準的な医療サービスをさほど多くない自己負担によって受けることが可能となった。それは医療サービスを国民全員が受けることのできる権利として、公平性を担保したものである。戦後の経済発展を経て、豊かになった私たちは、標準的な医療サービスはミニマムなものであり、より新しく効果のある医療を求めるようになってきた。さらにインフォームドコンセントをはじめとする医療情報の開示が進み、私たちは医療者にお任せするのではなく、治療への積極的な関与も求められるようになった。

　かつては情報を収集したくてもできない状況であったが、今日ではインターネットの普及により、情報収集はしやすくなった。しかし医療に関する情報には専門性と複雑性があり、医療者と患者・家族といった一般の市民がそれぞれ有する情報の量や質に偏りを生じさせてしまう。一般の市民が自分のニーズに合った情報を得るのは簡単なことではない。今日では氾濫する過剰な情報をいかに精査できるかが情報を利用する側に課せられている。ある薬

品の治療効果が取り上げられると、万能な新薬が登場したかのように期待が高まるが、多くの場合、患者の状態等、限定された中での結果である。その後、効果が期待できる範囲が拡大するかもしれないが、わからない。

　また海外で効果が実証されている医薬品を、インターネットを通して個人輸入する人も現れている。いわば日本では検証されていない、または検証の途上である医薬品を患者自身の判断で使用することになるので、その結果として健康被害が出たとしても、自己責任となってしまう。

　現状の医薬品の使用に関する審査は長すぎるとの批判もある。だからこそ患者申出療養制度が創設された。患者申出療養制度を利用するには、かかりつけ医等と相談のうえ、申出窓口のある医療機関に相談後、申請する。この制度を利用するにあたって、患者側にどれだけ医療に関する情報があるかがカギとなる。誰もが情報収集できる今日であるものの、それを精査し、または精査に協力してくれる専門家との関係性の有無もカギである。医療の情報格差は、医療者と患者との間だけでなく、患者や患者となりうる私たちの中にも起きている。情報が得られにくい人、情報を精査することが困難な人等、いわゆる情報弱者への支援が必要となる。

## 2　地域格差

　医師数は近年、死亡数を除いても、毎年4000人程度増加している。2016（平成28）年の医師数は31万9000人で、うち医療施設に従事する医師は30万5000人である（厚生労働省 2018a）。診療科別にみても、一時減少傾向にあった産科や小児科を含む、多くの診療科で医師は増加傾向にある。

　人口10万人あたりの医師数でみると240.1人で、都道府県別では、徳島県が315.9人と最も多く、埼玉県が160.1人と最も少ない（厚生労働省 2017b）。都道府県別では概ね西高東低の構造となっている。この医師数の地域間格差の解消のために、各都道府県に設置されている医学部の定員に地域枠を設ける等、対策を打っているが、必ずしも格差の減少に向かっていない。

　人口10万人あたりの病院病床数は、全病床では1229.8床である。都道府県別にみると、高知県が2530.4床と最も多く、神奈川県の808.9床が最も少ない。病床ごとにみると、精神病床の最多は鹿児島県、最少は神奈川県であ

る。療養病床の最多は高知県、最少は宮城県である。一般病床は高知県が最多で、埼玉県が最少である（厚生労働省 2017a）（表 8-1）。

　このように都道府県ごとに医師数、病院病床数をみても地域差があることがわかる。さらに細かく二次医療圏ごとの医師数を人口 10 万人あたりでみていくと、その平均値は 238.3 人、中央値が 182.4 人とばらつきが大きいことがわかる（厚生労働省 2018a）（図 8-2）。都市部とその周辺のベッドタウンと呼ばれる地域との医師数と高齢化の推計を示し、日本の医療の課題を指摘している高橋泰氏の分析を紹介しよう。75 歳以上の人口は、大都市部での増加が著しい。東京周辺でもその傾向ははっきりとみられる。その一方で医師数をみていくと、東京と横浜は日本で一番医師が多い地域であるが、その周辺は日本で一番医師が少ない地域である。つまり 75 歳以上人口の増加傾向が高い地域が、日本で一番医師の少ない地域となる。これまで医師が少ないことが問題視されてこなかったのは、この地域の有病率が低かったことと住

表 8-1　人口 10 万対病院病床数

2016 年 10 月 1 日現在

| | 全病床 | | 精神病床 | | 感染症病床 | | 結核病床 | | 療養病床 | | 一般病床 | |
|---|---|---|---|---|---|---|---|---|---|---|---|---|
| 全国 | 1,229.8 | | 263.3 | | 1.5 | | 4.2 | | 258.5 | | 702.3 | |
| 多い県 | 高知 | 2,530.4 | 鹿児島 | 590.3 | 島根 | 4.3 | 香川 | 12.1 | 高知 | 920.0 | 高知 | 1,093.8 |
| | 鹿児島 | 2,083.6 | 長崎 | 578.0 | 大分 | 3.4 | 高知 | 12.1 | 山口 | 678.7 | 大分 | 1,009.8 |
| | 徳島 | 1,978.4 | 宮崎 | 532.6 | 山梨 | 3.4 | 京都 | 11.5 | 徳島 | 581.5 | 北海道 | 984.7 |
| | 熊本 | 1,957.6 | 徳島 | 512.8 | 和歌山 | 3.4 | 岩手 | 9.1 | 鹿児島 | 548.1 | 岡山 | 951.7 |
| | 長崎 | 1,941.3 | 佐賀 | 510.0 | 徳島 | 3.1 | 長崎 | 8.9 | 佐賀 | 522.0 | 鹿児島 | 933.9 |
| ⋮ | ⋮ | ⋮ | ⋮ | ⋮ | ⋮ | ⋮ | ⋮ | ⋮ | ⋮ | ⋮ | ⋮ | ⋮ |
| 少ない県 | 千葉 | 944.5 | 静岡 | 183.1 | 愛知 | 1.0 | 千葉 | 2.1 | 千葉 | 169.0 | 静岡 | 570.2 |
| | 東京 | 942.1 | 愛知 | 169.9 | 千葉 | 0.9 | 埼玉 | 2.1 | 埼玉 | 162.2 | 千葉 | 568.9 |
| | 愛知 | 903.4 | 滋賀 | 167.7 | 大阪 | 0.9 | 神奈川 | 1.8 | 岐阜 | 161.5 | 愛知 | 533.2 |
| | 埼玉 | 852.1 | 東京 | 164.5 | 神奈川 | 0.8 | 三重 | 1.7 | 神奈川 | 145.1 | 神奈川 | 509.2 |
| | 神奈川 | 808.9 | 神奈川 | 152.1 | 埼玉 | 0.6 | 和歌山 | 1.6 | 宮城 | 138.4 | 埼玉 | 491.7 |
| 比（倍）（最大／最小） | 3.1 | | 3.9 | | 7.5 | | 7.7 | | 6.6 | | 2.2 | |

注 1）　小数点第 1 位の数値は、小数点第 2 位を四捨五入して表示している。
　　2）　比（倍）（最大／最小）は、四捨五入する前の数値で算出している。
出所）厚生労働省「平成 28 年（2016）医療施設（動態）調査・病院報告の概況」p.15

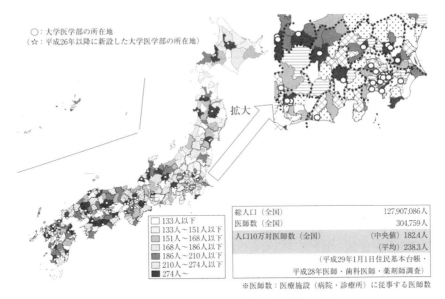

○：大学医学部の所在地
（☆：平成26年以降に新設した大学医学部の所在地）

拡大

| | |
|---|---|
| □ 133人以下 | |
| ▨ 133人〜151人以下 | |
| ▥ 151人〜168人以下 | |
| ▦ 168人〜186人以下 | |
| ▩ 186人〜210人以下 | |
| ▨ 210人〜274人以下 | |
| ■ 274人〜 | |

| 総人口（全国） | 127,907,086人 |
|---|---|
| 医師数（全国） | 304,759人 |
| 人口10万対医師数（全国） | （中央値）182.4人 |
| | （平均）238.3人 |
| | （平成29年1月1日住民基本台帳・ |
| | 平成28年医師・歯科医師・薬剤師調査） |

※医師数：医療施設（病院・診療所）に従事する医師数

**図 8-2　二次医療圏ごとの人口 10 万人対医師数（2016 年）**

出所）厚生労働省「医師の需給に関する背景」p.5

民の多くが「○○都民」と呼ばれる、東京への通勤者だからである。この地域の住民が病気にかかった場合は、東京の病院を利用していた。しかし年月の経過とともに、この地域の住民の高齢化が進み、有病率が急速に上昇すると予想されている。年を重ね、退職し、東京へ通勤することがなくなってしまうと、東京へ通院することが難しくなる。その結果、これまで比較的健康で地元で受診しなかった地域住民が、医療資源が十分でないにもかかわらず、突然しかも頻回に地元の病院を受診するようになるというものである。そうした地域格差が生じてくる予想である。

　この他、過疎化に伴う人口減少で、医療施設が撤退する地域もある。日本の医療供給体制は民間中心であるため、経営上の問題は、医療施設存続に大きく関わってくる。重度な要介護状態となっても住み慣れた地域で自分らしい暮らしを人生の最後まで続けることができるよう、医療・介護・予防・住まい・生活支援が包括的に確保される体制の実現を目指した地域包括ケアシ

ステムだが、困難な地域もある。

## 3　経済格差

　多くの国民に健康志向の高まりを感じるが、健康志向は経済力が強く影響する。

　これまでみてきたがん医療について考えてみると、保険外併用療養費制度を利用することができたとしても、高額療養費制度の対象外となる先進医療等は、それを選択するための情報だけでなく、医療サービスを受けるための経済的な問題も併せて生じる。何としてでも治したいという気持ちは理解できるが、財産を注ぎ込んで、または借金をしてまで先進医療等に望みをかけることのできる人、できない人が生じてしまう。さらに治療中は医療費以外の出費もかさむ。たとえば自宅から遠く離れた医療施設で治療を受けるとなれば、患者本人の交通費だけでなく、家族の交通費や滞在費も必要となるであろう。また自宅に残り生活する家族にとっては、生活の利便性を高めるために、家事代行サービスの利用や外食などで費用がかさむかもしれない。こうした支出を賄うだけの資金があるかないかで、治療の選択に影響も出る。さらに厳しい現実をいえば、それだけのお金をかけたからといって、確実に治癒し、もとの生活ができる保証はないのである。お金をかけられたとしても「命の算段」に迫られるのである。

　その対極にある生活困窮者の医療についても考えてみよう。日本には、特に生活困窮の状態にある人への公的扶助として生活保護制度、そこに至る手前の状態での生活困窮者自立支援制度がある。生活保護受給者数は 2017（平成 29）年 2 月現在、214 万 1881 人で、近年は横ばいで推移している。私たちの税金を投入していることから、受給の審査に関しても、また運用の在り方にも厳しい目が向けられている。生活保護費の約半分は医療扶助であり、その内容は年齢による特徴がみられる（厚生労働省 2018b）。

　生活保護受給者の医療扶助の実態をみると、0 歳から 14 歳までは呼吸器系の疾患が 4 割を超えているが、この疾患は加齢とともに減少していく。15歳から 54 歳までは精神・行動の障害が多く、入院加療が 6 割近くで、その期間は 5 年以上に及ぶのが 4 割である。他の疾患の入院期間に比べて非常に

長い。65歳以上では循環器系の疾患が3割で、主に通院治療であるが、その期間は3年以上が6割を超す。

現在、生活保護受給者の45.5％が65歳以上である。高齢者の保護率は他の年齢階級と比べても伸びが大きい。65歳以上の循環器系の疾患に関していえば、生活習慣病との関連が高い。生活保護受給者は、医療保険の加入者等と比較して生活習慣病の割合が高いが、健診データ等が集約されておらず、生活習慣病の予防・重症化予防の取組みが十分には実施できていないのである。近年の日本の高齢者は経済的に余裕のある高齢者と、年金も十分でなく低資産の高齢者とに二極化される。加齢に伴い、身の回りのことを気にかける余裕があるかどうかも経済力に関係してくる。

また労働者世代で考えてみれば、就労状況としては不安定な非正規労働が多く、経営者に健康管理の自覚が低く、労働者は自己管理する他ない。だが生活に余裕がないと、栄養バランスを欠いた食生活となりやすい。それが健康を害する要因となる。そこで全国の福祉事務所において、生活習慣病の予備群と該当者に対するデータに基づいた健康管理の実施に向けて取組みがスタートした。また貧困家庭の子どもは健康な生活習慣が身についていない場合が多いことから、学校での健診等のデータに基づき、学校等と連携して適切な生活習慣の確立に取り組むよう、モデルが実施されている。

生活保護法2013（平成25）年改正では、一部の医療機関で不正請求等が発覚したことを受け、厳正な対処と指導体制の強化が示された。後発医薬品（ジェネリック医薬品）の利用や頻回受診の適正化が求められている他、受給者本人に対して自ら健康の保持と増進に努めるよう求めている。

## 第5節　医療サービス受給者として

2006（平成18）年に成立したがん対策基本法では、がん医療の均てん化が図られている。がん医療の均てん化とは、全国どこでもがんの標準的な専門医療を受けられるよう、医療技術などの格差の是正を図ることを意味している。その一方で、医療の高度化のもとに、患者の選択肢は広がるものの、選択にあたっての自己責任と選択したくてもできない人との格差を生み出して

いる。医療が発展することは、私たちの健康維持のためにも必要なものであり、時間をかけてデータを集積し、分析したうえで標準的な医療サービスを提供することが必要である。その部分で格差が生じることは公平性を欠くといえるであろう。不公平感が生じないよう、弱者への支援を拡充していかなければならない。また高度化された医療サービスが最善のものとはいいきれないながらも、それを選択できるのであれば、自分にとって意味があるものなのか、価値があるものなのかを精査する力が私たちに求められているといえよう。

■引用・参考文献

厚生労働省 2017 年 a「平成 28 年（2016）医療施設（動態）調査・病院報告の概況」
　　https://www.mhlw.go.jp/toukei/saikin/hw/iryosd/16/dl/gaikyo.pdf（2018 年11 月 1 日閲覧）

厚生労働省 2017 年 b「平成 28 年（2016 年）医師・歯科医師・薬剤師調査の概況」
　　https://www.mhlw.go.jp/toukei/saikin/hw/ishi/16/dl/kekka_1.pdf（2018 年11 月 1 日閲覧）

厚生労働省 2018 年 a「医師の需給に関する背景」
　　https://www.mhlw.go.jp/file/05-Shingikai-10801000-Iseikyoku-Soumu-ka/0000199249.pdf（2018 年 11 月 1 日閲覧）

厚生労働省 2018 年 b「平成 29 年　医療扶助実態調査」
　　https://www.e-stat.go.jp/stat-search/files?page=1&layout=datalist&toukei=00450313&tstat=000001024563&cycle=7&tclass1=000001111956&second2=1（2018 年 11 月 1 日閲覧）

厚生労働省「平成 28 年度　国民医療費の概況」
　　https://www.mhlw.go.jp/toukei/saikin/hw/k-iryohi/16/dl/kekka.pdf（2018 年 11 月 1 日閲覧）

高橋泰 2013 年「日本の医療福祉の現状と将来予測」
　　http://www.meti.go.jp/committee/kenkyukai/sansei/kaseguchikara/pdf/005_04_02.pdf（2018 年 11 月 1 日閲覧）

# 第9章　社会福祉と生活

　私たちの暮らすこの社会の中では、理由のいかんを問わず、生きづらくなっている、あるいは生活しにくくなっている人々が存在することを目の当たりにする。社会福祉の基本的スタンスは、そうした人やその家族の生活の支えになっていこうとするところにある。それは、社会で暮らすメンバーの自発的で主体的なボランタリー（voluntary）な活動として営まれる場合もあれば、社会構造の中に組み込まれたシステムや制度として整備される場合もある。では、社会福祉の基本的スタンスを形成する心性（mentality）は、いかなるところから生まれてくるのだろうか。目下のところ比較的平穏無事に幸福に生活している社会のメンバーのどこかにも、生活困難に遭遇している人を目の当たりにして、決して他人事として素知らぬ顔ではいられない、"明日はわが身"の心性が働くからではないだろうか。とはいっても、こうした心性は、純粋に内発的なものというよりも、居ても立ってもいられない、他者への志向性から膨れてくる、あるいはあふれ出る社会的な心性・志向性である。本章では、このようにして生まれてくる社会福祉の基本的スタンス、基本的スタンスを基盤に形成されている社会福祉の基本構造、社会を形成するメンバーの生活の諸次元、等の輪郭を示し、日々の生活と社会福祉の関連性を少しでも明確にすることにある。

## 第1節　社会福祉の基本構造

　社会福祉の法制度およびそれらを根拠とする社会福祉諸サービスは、いうまでもなく、社会福祉における重要な部分を占める。そして、社会福祉といえば、こうした制度やサービス、あるいは最近では、いわゆるボランティア活動などと連想しながら描かれるイメージが大きくクローズアップされる機

会が非常に多いのではないだろうか。けれども、これらは重要な部分を占め
つつも、社会福祉の全体を覆い尽くすものではない。社会福祉全体の中で、
社会福祉の法制度、福祉サービスはどのように位置づけられ、有効活用され
ようとしているのか。社会福祉の理念というものはどのように把握したらよ
いのか。ソーシャルワーク活動とはいかなるものを指していうのか。まずは、
社会福祉の諸制度、諸サービス、ソーシャルワーク活動、社会福祉の理念、
これらの関係を把握し、社会福祉全体の基礎構造ともいうべきものの輪郭を
整理し理解しておこう。

　社会福祉の究極の理念あるいは目指すべき目標は、社会の中で生活するメ
ンバーの一人ひとりがその人らしくいきいきと暮らしていける「人間の福祉」
（大塚ら 1988：7-9）を実現することにある。この「人間の福祉」という言葉は、
理念・目標であるがために、日常とはかけ離れたもの、あるいは抽象的な言
葉として理解されてしまうことが多い。社会福祉の現実的な手立てである、
様々な法制度と施策、それらを根拠とする社会福祉諸サービス、これらを有
効に活用しようとする援助活動という側面と比較してみると、少し現実離れ
し、私たちの日常からは縁遠い存在として受け取られてしまうことも無理の
ないことかもしれない。しかし、この理念や理想・目標といった“目的概念
としての社会福祉”（大塚ら 1988：20）がなければ、現実的な手立てである社
会福祉の法制度、施策も、また法制度・施策を有効活用しようとするソーシ
ャルワークを中心とする援助活動そのものも、その方向性を見失ってしまう。
「人間の福祉」という理念は、人間の尊重という価値前提（ブトゥリム 1986：
59-61）との関連の中で生まれてきた。が、厳然とした確固たる形態があるわ
けではなく、むしろ、具体的な援助活動の中で、その都度問われ続ける理念・
理想・目標である。したがって、「人間の福祉」という言葉は、より具体的
には、この変動・変貌し続ける社会生活の中で、個々の人間が、それぞれに
その人らしく生きていけることを意味する「人間一人ひとりの福祉」という
言葉に置き換えて理解してもよい。糸賀一雄は、次のような言葉で、「人間
一人ひとりの福祉」を語っている。

　社会福祉ということばは、英語のソーシャル・ウェルフェア（social wel-
fare）のことである。それはあくまでも「社会」という集団のなかにおけ
るひとりひとりの「幸福な人生」（福祉）を指すものである。社会福祉とい
っても、社会という集団が全体として「福祉的」でありさえすればよいと
いうのではない。つまり社会が豊かであり、富んでいさえすれば、そのな
かに生きている個人のひとりひとりは貧しくて苦しんでいるものがいても
かまわないというのではない。社会福祉というのは、社会の福祉の単なる
総量をいうのではなく、そのなかでの個人の福祉が保障される姿をさすの
である（糸賀　1968：67）。


「人間一人ひとりの福祉」という意味での「人間の福祉」という理念を実
現すべく、あるいは、理念の掲げる目標を目指してこそ、現実的な手段や手
立てが機能する、ということを忘れてはならない。この現実的な手段・手立
てが、社会保障の法制度であり、社会福祉に関連する生活関連法制度、さら
にはこれら法制度を根拠として配分される社会保障・社会福祉関連諸サービ
スである。また、現時点では法制度化されていないが、社会生活を営む個人
の福祉にとっては、欠かすことのできない、個人・団体レベルでの諸種の社
会福祉的活動もこの中に含まれる。これらは、一人の人間が、その人の暮ら
す社会の中で、その人らしく生きていくための不可欠の社会資源として機能
するものである。
　そして、ソーシャルワークを中心とした社会福祉援助活動は、社会諸資源
を効果的に活用しつつ、具体的な個人の福祉の実現を図ろうとする援助実践
体系（援助方法論の体系）である。したがって、この社会福祉援助活動は、社
会諸資源を必要条件にして展開されるものである。けれどもそれは、援助活
動という実践にとって、必要条件ではあるものの必ずしも十分条件ではない。
なぜならば、援助を必要としている個人の福祉の実現を意図する、ソーシャ
ルワークを中心とした援助活動は、社会諸資源を現状において利用可能なも
のとして位置づけ、それらを実際に活用するか否か、活用するのであればど
のように活用すればよいのか、これらの判断は、あくまでも援助を必要とし

ている当の個人の福祉の実現という観点から下されるからである。さらに、個人の福祉を実現するうえでは、現存する社会資源では不十分な場合もある。あるいは、活用しうるような適当な社会資源が見当たらない時もあるかもしれない。こうした場合は、現存の社会資源を改良するか、新たな社会資源を創出するよう働きかける、すなわちソーシャル・アクションの対象としての性格をも持ち合せているからである。というわけで、社会福祉援助活動にとっての社会福祉関連諸法制度は、活用可能な社会諸資源という性格と働きかけの対象という2つの側面を併せ持つものである。

　以上、「人間の福祉」という社会福祉の基本理念、社会資源としての社会福祉関連諸法制度および各種活動、援助実践体系としての社会福祉援助活動（ソーシャルワーク）、これら社会福祉に関する3つの側面は、具体的な社会福祉援助活動という実践の中で密接なつながりをみせる。そして、これら3つの側面の関連および関係・つながりを簡潔にまとめたものが図9-1である。この3つの側面が、援助活動という実践の中で効果的に噛み合い機能する場合に、援助を受ける個人は、確実にその人にとっての福祉の実現が近づき、実感できる可能性が高くなる。しかし、場合によっては、この実践を通して、理念や諸法制度の意義を問い直すきっかけがみえてくるかもしれない。それを見過ごしてしまえば、今度は、実践そのものが矛盾を抱えてしまうことになりかねない。このように、既存の理念や法制度は、個別的な援助実践活動によって目標として目指されたり社会資源として活用されたりするものであるし、時には問い直され改革される必要に迫られる場合もある。そして、問い直されたり改革されたりしたものを、今度は具体的な形に変えて活用していくのも、援助活動という実践の場を通してである。こうした意味から、個々の人間への具体的で個別的な援助活動にこそ、社会福祉の全体としての質が集約され、かつ、問われているといっても決して過言ではないだろう。

　具体的な援助活動を担うソーシャルワーカーは、このような経験を積み重ねることにより、より一層"厚み"と"深み"のある援助を実現できるようになる。ただここで経験を積み重ねるとは、単に経験の上に経験を上積みす

（Ⅰ）目的概念としての社会福祉
人間一人ひとりがその人らしくいきいきと生きられることを目指す到達目標であり、（Ⅱ）と（Ⅲ）の方向性を示す"羅針盤"の役割も果たす。

（Ⅱ）機能概念としての社会福祉
（十分条件）
（Ⅲ）の (a) (b) を必要としている人々に対して、それらをもたらし、真に効果あるものとする活動。"社会福祉における相談援助技術"を駆使する援助活動。（個別性）

（Ⅲ）実体概念としての社会福祉
（必要条件）
制度としてそれ自体は自己完結的である。目的達成のための現実的手立て・手段。
（a）特殊的一般
（b）可能的一般

←（Ⅰ）社会福祉（social welfare）
理念としての社会福祉。現実の社会福祉。施策が達成しようとする目的、すなわち人間の福祉。これは常に開いていとして存在し、自己完結的ではない。

←（Ⅱ）実践体系としての社会福祉
ソーシャルワーク（social work）
個人の社会関係の全体性ならびに全体的自己に視点を据え、専門的援助技術に基づいて個別化の態度で援助活動を行う。

←（Ⅲ）制度体系としての社会福祉
（a）社会福祉事業（social wellfare services）
・「高齢者」「障害者」「児童」等が抱える特殊なニーズに対応する特殊なサービスとしての事業活動。
（b）社会保障制度と生活関連諸制度（social services）
・社会保険と公的扶助を中心とし、「国民一般」を対象とした、主として経済的な生活保障。
・社会福祉行政を含む厚生行政が中心。

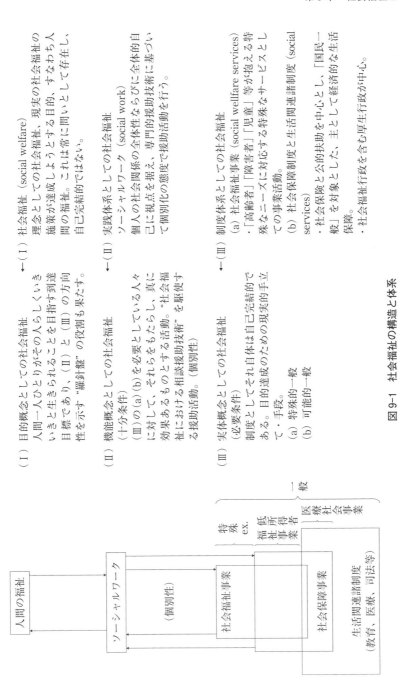

図9-1　社会福祉の構造と体系

出所）足立叡・佐藤俊一・宮本和彦編『新・社会福祉学─共存・共生の臨床福祉学をめざして』中央法規出版、1999年、p.76 をもとに作成

るという類いのものではないことを断っておく必要がある。一つひとつ経験を積み重ねるごとに、これまで積み重ねられた経験の全体がその都度問い直され、更新（西村 2016：30-31）され続けていくという意味のものである。

## 第2節　社会福祉と生活の支援

　社会福祉の様々な営みをあえて一言で表現するとしたら、当事者への「生活の支援」ということになる。「生活の支援」という表現を使うと、私たちにとってぐっと具体性を帯びた身近なものとしての実感を伴ったものになるのではないだろうか。ところが特に、生活の支援の"生活"という言葉や事態を説明しようとすると、途端に覚束なくなり、言葉に窮してしまうことも少なくない。身近すぎて、普段は当たり前にしていること、自明性の中に埋もれていることとして、説明しにくくなっていることの代表格がこの"生活"という事柄・事態なのではないだろうか。そこでここではまず、言葉の辞書的な意味から出発して、生活の支援や社会福祉の援助の諸側面（特に社会福祉援助活動としてのソーシャルワーク）の特徴を捉えていくことにする。

　『広辞苑（第3版）』を繙いてみると、「生活」には次のような定義が記されている。

　ⅰ．生存して活動すること。生きながらえること。くらしてゆくこと

　ⅱ．世の中で暮らしてゆくてだて。くらし。くちすぎ。すぎわい。生計

　ⅱの定義はⅰを実現するための手段が記されており、「生活」の第一義的定義は、ⅰにあるといってよいだろう。まずは、生物的に生命を維持し、そこを土台にして（社会の中で）暮らしてゆくこと、という事態が「生活」を意味することになろうか。

　次に「生活」に相当する英語「life」をみてみよう。

　『ランダムハウス英和大辞典（パーソナル版）』によれば、「life」には、25項目の定義が記されている。そのうちの主なものを整理すると、次のようになる（ランダムハウス大辞典の順に従う）。

　ⅰ．生命（現象）、寿命

　ⅱ．人生、一生、生涯

　ⅲ．生活、生き方、暮らし方

　ⅳ．生気、活気

　ⅴ．日記、一代記

　ⅲの定義に関しては、「ある特徴を持った」（要するに個人的な）生活、生き方と、「実社会での」（要するに社会的な）生活、生き方とを明確に区別している。また、ⅱやⅴの定義にみられるように、時間的・歴史的次元も含まれている。このようにみると、「生活」と「life」とでは、大筋では一致するものの、明らかに「life」の定義の方が幅広いことがわかる。そこでここでは、主に、生活を「life」の定義にまで広げて、それを手がかりに次に挙げるような面から社会福祉におけるソーシャルワークについて考察してみる。

　社会福祉におけるソーシャルワークは、前述の「life」の諸側面に、多かれ少なかれ関わらざるをえない。しかし、他の援助的営み（医療、看護、心理臨床、教育等）と重なり合い、社会福祉の方が、むしろ第二次的にいわば後押ししていくという形でしか関与できない（要するに、後方支援・協力する）場合も少なくない。他の領域とどのように関わりながら、社会福祉は進められるのだろうか。たとえば、障害者と呼ばれる人の生と生活を「life」の次元から検討してみよう。以下、やや理論的側面からの障害者の生と生活への援助的関わり方の整理検討を含めて、諸アプローチの特徴と共通点・相違点を概略しておこう（足立 1996：52-58）。

　医学（的・治療的アプローチ）では、障害を「機能障害」（impairment）として理解し、「生物的生（活）」（生命〔体〕、寿命、人体）の不全・欠損、限界を問題にする。ここでは、「life」の生命（維持）や生命体・人体の側面が主な対象となり、社会福祉におけるソーシャルワークは中心的存在ではなくなる。医学（的治療）への協力という関わり方が中心になる。ここで対象となる人間の理解は、他の人間とは切り離された生物体（生命体）という個体としての生（活）が問題となり、医学的な検査・診断・治療といった分析的・自然科学的アプローチがとられ、実行される。

　社会福祉におけるソーシャルワークは、障害を「社会的不利」や「社会的障害」（handicap）として把握し、他者との関係を重視し、その改善に努める。

必要に応じて、「社会的不利」や「社会的障害」を生み出す社会諸関係や社会構造そのものの変革にも取り組む。「社会的生（活）」（社会生活）を営むうえでの不自由さや社会生活そのものの危機を問題にし、その解決や軽減化に努めるのである。社会生活を営むうえでは、「生物的生（活）」の次元や生命体としての問題よりも、他者とともに生きることが困難となる「社会的生（活）」の問題が俄然クローズアップされることになる。他者との関係そのものを、いきいきとした（活気や生気に満ちた）ものに変革し、複数の人間が関わる社会構造を改革していくことで、そこに暮らす人間の生活をより充実したものへと変革できるよう働きかけていく。この人間存在へのアプローチとも表現すべきものは、他者との関係を重視した臨床的（人間科学的）な関わりや働きかけそのものが土台となり基礎となる。

　「生物的生（活）」としての人間理解と「社会的生（活）」としての人間理解とが相互に交わり交差するところに、広義の教育（医学や社会福祉に密接に関連する、人間の能力や身体的機能の開発・訓練を含むリハビリテーション、ADL〔日常生活動作〕の維持・向上に密接に関わるケアワーク、ホームヘルプといった援助行為もここに含めて考えられるものとする）的関わりの視点とその人間理解とが位置づけられる。この領域は、「機能的生（活）」（身体的能力に関わる個人生活）としての人間理解とその援助を意味する。それとともに、既存の社会の中にいかにしたら適応していけるか、という視野が重視されるのである。

　図9-2は、以上概観してきた医学、社会福祉、教育という3つのアプローチそれぞれの専門領域の領域上の区分と相互の関連性について示したものである。2つの三角形AとBにおいて交わらない部分はそれぞれ、医学的・治療的アプローチに固有の人間理解と援助の領域としての「生物的生（活）」（生命）、社会福祉におけるソーシャルワークに固有の人間理解と援助の領域としての「社会的生（活）」（社会生活）を表している。AとBの交わる部分は、「機能的生（活）」（身体的能力に関わる個人生活）としての人間理解とその援助の領域、すなわちここでの広義の教育領域である。

　「life」としての生活との関連性についても触れておこう。「life」としての生活の定義は、領域の定義だけにとどまるものではない。生き方や人生とい

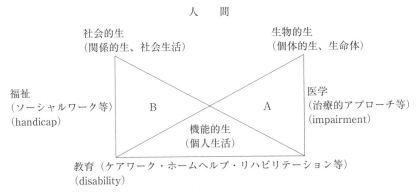

**図9-2　医学、社会福祉、教育それぞれの領域と交わり**

出所）足立叡『臨床社会福祉学の基礎研究』学文社、1996年、p.56より一部修正

った側面は、人間の理解や援助の方法論的視点の基盤になるものである。図9-2は、その意味で、それぞれの人間理解とその援助の方法論的違いも意味する。たとえば、医学と教育とが、Aだけにとどまる場合とBに交わる場合とでは、その意味は異なる。医学の領域でも、Bと交わり、かつ教育と重なる領域（公衆衛生、社会医学、保健医療等）は、人間理解と援助に関して、個体的生（活）としての人間理解から社会的生（活）としての人間理解へ、あるいは「分析的関わり・自然科学的アプローチ」から「臨床的関わり・人間科学的アプローチ」への転換が求められる。リハビリテーションや看護、介護、ホームヘルプといったケア一般としての教育的関わりを考える場合も、Aの視点だけから把握される限り、それは「医学的リハビリテーション」や「医学的ケア」の域にとどまる。ところが、Bの視野に触れる時、その知識や技術、訓練は、個体的生（活）の回復を目指すだけではなく、その人の社会的生（活）としての自己実現を目指す「社会リハビリテーション」、「プライマリーケア」としての意味が生まれてくる。

　社会福祉におけるソーシャルワークの視点を考える場合も、AとBとが交わる部分でのみ把握しようとすると偏った事態が生じることになる。機能的生（活）としての人間理解と援助を重視する、制度・政策やサービスの「対象者」（object）としての人間の側面ばかりが強調されてしまう。ここでは、

社会の側が要求する人間像へ自ら適応できるかどうかが問題となる。この人間理解と援助は、社会という一つの全体枠の中で個人がいかにパッケージ化された個人として機能していくかをひたすら考えていく。Aと交差しないBの部分では、社会的生（活）の自主的・自発的で主体的な側面があり、専ら社会の中においても個人が個人らしく生きていくための視点が重視される。社会福祉の究極的理念が、人間が個々の状況に応じてそれぞれにその人らしく生きていくという「人間の福祉」（人間一人ひとりの福祉の実現）に向かっていくものであるなら、「社会関係の主体的側面」や個別化された側面を重視し具体化していく営みであることはむしろ当然である。

　ここまで障害者の「life」の諸側面とそれぞれへの関わり・アプローチについて検討してみたが、それでは、これまで社会福祉におけるソーシャルワークの分野では、「life」を基本モチーフにしてきたことはなかったのだろうか。1970年代頃から登場してきた生態学的アプローチにおける生活（life）モデル（Germain & Gitterman 1980）は、文字通り人間の生活・lifeを起点にした理論モデルである。がしかし、先に指摘したような人間の社会関係の主体的側面に注目した理論モデルというよりも、むしろ既存の社会の中でいかに上手に適応し機能的に生きていけるかという、社会適応的な機能的側面を中心課題にした理論構成となっている。

　たとえば、生活モデルの中心的概念である、生活体と環境との交互作用（transaction）や関係性（relatedness）という考え方をみてみよう。本来この2つの概念や考え方は、主体と状況（あるいは他の主体）との意識化以前の相即不離の存在論的概念であるはずのものであるが、生態学的アプローチでは、交互作用と直線的因果関係としての相互作用（interaction）とを一応は区別している。交互作用は、相互的因果関係という一種の機能的関係として定義づけられているが、機能的関係である限りその関係は、維持したり鍛え直したり訓練したりして、その高揚した機能を保ち維持し所有し調整する対象（object）としての関係（relatednessという言葉よりも、relationやrelationshipという語の方が適切と思われる）を志向するものである。生命体と環境とを一度切り離したうえで、後に作り直したものとしての意味合いが強くなってしまう。し

たがって、生命体は環境に対してどのように機能的に結ばれればそこに適応できるのか、といったことが問題なのであって、個人が社会生活の中でその人らしくいきいきとしていられるにはどうしたらよいのか、といった人間科学的問題は二の次になってしまう。したがって、言葉の真の意味での"臨床的"アプローチとはかけ離れたものになっている。

これは何よりも、生態学的アプローチの基盤は一般システム論にあり、それは基本的に自然科学的・分析的モデルとその理論構成が土台となっていることが影響している。「life」を生命（体）あるいは生命維持という側面だけに絞って、その機能面を自然科学的・分析的アプローチによって明晰なものにすることは可能である。しかし、人間存在そのものの在り方である人生、生き方、さらに生命やいのちといった次元をも含み込んだ生活の主体的・個別的側面を全体的に把握することは不可能である。

社会福祉におけるソーシャルワークの基本的営みは、生活や「life」の自然科学的・分析的アプローチによって得られた客体的側面や機能的側面にまつわる情報や制度・サービスの活用方法だけに精通しているだけでは不十分である。そうした情報や活用方法は、サービスの利用者であるクライエントにとってどのような意味があるのか、どのように活用したらその人にとって真に効果的かつ意味あるものとして生きてくるのか、等々の生活・life の主体的・個別的側面を理解し働きかけるような援助が重要になってくるはずである。場合によっては、生活の主体的・個別的側面に働きかけ、それが阻害される時には、阻害要因を変革する社会改革的なアプローチも必要になる。社会福祉におけるソーシャルワークの活動は、ここにも寄与するものである。

## 第3節　現実の社会・生活問題への社会福祉的視点

生活の重要な要素である"住"の問題に関して、ここでは、いわゆる"空き家"問題の中に垣間みられる生活問題とそこへの社会福祉的視点の概略を示しておこう。生活における"住"の側面は、人間の生活を豊かにする貴重な社会資源になりうるからである。さらに、現代の日本社会において、見逃すことのできない現実的な社会問題にもなっている事実の一側面をここで検

討していくことが重要であると考えるからである。

　いわゆる"空き家"問題を概観するにあたって、現状と将来予測を示すデータが図 9-3 に示されている。図 9-3 は、総務省の実績値に加えて野村総合研究所（NRI）の予測値を加えたものである。図 9-3 において、現時点に近い数字として、空き家率 16.9％という数字がまずは目に入る。現状においては、6 軒に 1 軒の割合で空き家が存在するということである。さらに、15 年後には空き家率は 30％を超え、3 軒に 1 軒の割合に迫るということである。この数値・割合をどのようにみるか。小さいとみるか、大きいとみるか、見方によって様々に意見が異なるかもしれない。いずれにしても、空き家の問題が社会問題化する以前の 1968 年から、すでに世帯数を住宅数が上回っている。空き家問題を由々しき問題として捉えるならば、高度経済成長期以降の住宅に関する社会政策上の失敗、あるいは無策ぶりは看過できない問題である。景気対策の切り札という視点からのみ持ち家取得を奨励し続けた社会政策上の失敗は明らかとなるからである。

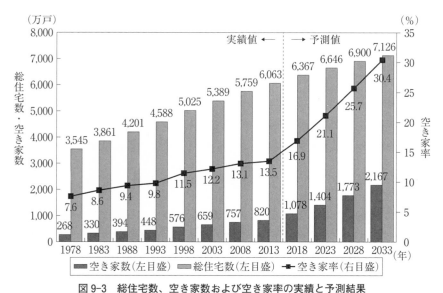

**図 9-3　総住宅数、空き家数および空き家率の実績と予測結果**

注）実績値は、総務省「住宅・土地統計調査」より。予測値は NRI。

　空き家問題の背景に横たわる社会的状況にも触れておこう。周知の通り、現代日本社会は少子高齢化の真只中にあり、近い将来の人口減少社会も避けられないものとなっている。これと並行するように、核家族化現象はもとより、それをも含む家族の多様化に伴い、住宅数は増えるものの、それを引き継ぐ次世代の人が減少することと空き家問題は密接に関連している。また、地域社会の問題では、都市圏への人口の一極集中ということが挙げられる。地方における過疎化に伴う空き家の増加、老朽化の進行等はよく知られていることである。片や人口の集中している都市圏においても、集合住宅における空き室問題も進行している。

　それでは、実際問題として空き家が増加すると、どんな問題が生じるのであろうか。まず、周辺地域への悪影響は避けられない。倒壊・崩壊の危険性は、空き家状態が長引けば長引くほど高まる。災害時におけるリスクは、極限にまで達することも考えられる。害虫・害獣等の温床となり、地域衛生上の問題や、直接身の危険性を伴う場合も出てくる。景観上の問題も無視できない。崩れゆく家屋の隣近所に居住しようとする人はごく限られてくるだろう。また、治安上の問題も多発する可能性が生じてくる。不法侵入・不法占拠のターゲットとして空き家が挙げられても決して不思議な話として片づけられない。それに続く犯罪、治安の悪化の心配も出てくる。放火の対象にもなり、火災が発生すれば、気象条件等次第では地域社会への影響が甚大になることも考えられる。さらに、付近の土地・家屋の資産価値の下落もありうる。

　こうした空き家問題に対して行政府は、空き家特別措置法（空家等対策の推進に関する特別措置法）を制定し、自治体が空き家対策を合法的に実施できる体制作りを強化した。この法律によって、崩壊・倒壊等の危険性が高まっている空き家に対しては、自治体の判断で強制撤去も可能になった。他方で、自治体は空き家バンク等を設け、空き家の所有者と借主の情報交換やマッチングの作業、リフォーム等の出費に際しては助成・補助制度等の確認にも協力している。空き家の有効活用にも着手し始めているのである。

　ここで、生活への援助を標榜する社会福祉の視点から、空き家問題に関わる可能性を示しておこう。

第一に、空き家をこれ以上出さないという予防の視点からは、社会政策上のこれまでの失敗を見極め、社会福祉の政策課題として社会政策策定途上において必要な措置を提言していく必要があるだろう。

　第二に、特に社会福祉におけるソーシャルワークの視点から、すでに存在する空き家を問題視するだけに終わらせず、社会資源活用という側面から、この問題を転換させていくことを考える必要がある。具体的には、障害者や認知症高齢者のためのグループホーム、福祉ホーム等への移行は、比較的少ないリフォーム等によって活用できる可能性がある。

　居住用ということに限定せず、地域住民全般に活用可能なコミュニティ・スペース、障害者が集う地域活動支援センター、地域住民の触れ合い・交流等を目的としたフリースペース等への移行も、比較的軽微なリフォームによって活用可能である。

　その他、相談支援事業所、就労支援事業所、デイサービス事業所への移行も、空き家の規模や立地条件等によって十分社会資源としての活用可能な範囲にある。

　第三に、自治体単位の社会性を重視した活用方法も考えられる。人口減少社会の対策事業として、移住対策事業の一環としての移住者の体験用住宅として活用していくことも可能であるし、すでに実施している自治体もある。各種資料館や小規模図書館等としての活用をNPO法人等が実施することも可能である。

　以上挙げてきた3つの可能性は、収益性を後回しにした、社会貢献的な公益性、地域社会全体に関わる社会性の観点からの可能性の一部である（中川2015）。


　本章においては、まず第1節で社会福祉の基本構造を踏まえたうえで、第2節において、生活の援助たる社会福祉における援助活動であるソーシャルワークの特徴をいくつか挙げてきた。他の援助的アプローチとの共通点、相違点を含めた比較対照をしたうえでの輪郭を示したのである。第3節では、現実の生活問題・社会問題である空き家問題を取り上げて、その問題点の指

摘とともに、社会福祉の一つの特質である社会資源としての活用の視点への転換を例示して試みた。

　最後に繰り返しになるが、「人間の福祉」という社会福祉の理念を実現していく道筋を示しておこう。法制度を重要な柱とした生活関連諸サービスを社会資源として活用する力は大切である。時には、生活問題・社会問題を社会資源に転換していく発想力とエネルギーが必要なこともあるだろう。ソーシャルワーク活動を進める人は、対象となる利用者という存在の一人ひとりの特性を踏まえた個別化の態度でもって社会諸資源の活用と取捨選択に勤しむことで真価が問われるものである。しかし、社会福祉を進めていく基本的スタンスは、社会福祉専門職に限定されているわけではない。私たち社会を構成するそれぞれのメンバーが、日々の生活の在り方を吟味し、時に工夫を重ねていくことが何よりも大切である。日々の生活と生そのものを深く豊かに生きる力は、日々の生活とともに鍛えられ培われるものだからである。このことをなくして、人間一人ひとりの福祉の実現という意味での「人間の福祉」へは到達しえないことを忘れてはなるまい。

■引用・参考文献

Germain, Carel B. & Gitterman, Alex *The Life Model of Social Work Practice* Columbia University Press 1980

足立叡　1996 年『臨床社会福祉学の基礎研究』学文社

ブトゥリム，Z. T. 川田誉音訳 1986 年『ソーシャルワークとは何か』川島書店

糸賀一雄　1968 年『福祉の思想』NHK ブックス

中川寛子　2015 年『解決！　空き家問題』ちくま新書

西村ユミ　2016 年『看護実践の語り』新曜社

大塚達雄・井垣章二・澤田健次郎 1988 年『社会福祉』ミネルヴァ書房

『ランダムハウス英和大辞典（パーソナル版）』小学館 1984 年

新村出編 1987 年『広辞苑（第 3 版）』岩波書店

# 第10章　環境とリスク

## 第1節　災害の時代をどう生きるか

　日本漢字能力検定協会が毎年発表している「今年の漢字」について、2018年は「災」になったと発表された。確かに2018年は多くの災害が発生した。6月の大阪北部地震、7月の西日本豪雨、9月の台風21号被害や北海道胆振東部地震、それ以外にも多くの災害が発生し、多くの被害が出た一年だった。

　ただし、日本において自然災害が多発したのは何も2018年だけではない。2019年も各地で台風による水害が発生した。近年、震災や水害などの災害が各地で多発している。表10-1は近年発生している地震災害を示しているが、1995年の阪神・淡路大震災以降、数年に一度のペースで震度6クラスの大地震が発生している。それ以外にも2～3年に一度のペースで水害被害が発生していたり、台風などをきっかけとした風水害が発生するなど、多くの被害が出ている。

　このように、日本社会は近年において災害多発時代に突入したといえる。そして、これからも多くの災害が発生することだろう。政府も具体的な対策を行っている。内閣府に設置されている中央防災会議は首都直下地震や東南海・南海トラフ地震を念頭に被害想定を検討し、それに基づいて関係機関が対策を行っている。とはいえ、災害に強いまちづくりは長期の取組みを必要としており、すぐに安全な社会になるわけではない。

　他方、近年において多発している水害や異常気象などは、地球温暖化による気候変動が大きく影響していることが指摘されている。それ以外にも2011年に発生した福島第一原発事故により放射能汚染が発生するなど、われわれはこれからも様々な災害リスクを抱えながら生きていかざるをえない。

表 10-1　近年の主な大規模地震とその被害

| | 地震名 | M | 最大震度 | 死者・行方不明者 | 全半壊住戸 |
|---|---|---|---|---|---|
| 1995 年 | 兵庫県南部地震 | 7.3 | 7 | 6,437 名 | 249,180 |
| 2004 年 | 新潟県中越地震 | 6.8 | 7 | 68 名 | 16,985 |
| 2007 年 | 能登半島地震 | 6.9 | 6 強 | 1 名 | 2,426 |
| 2007 年 | 新潟県中越沖地震 | 6.8 | 6 強 | 15 名 | 7,041 |
| 2008 年 | 岩手・宮城内陸地震 | 7.2 | 6 強 | 23 名 | 176 |
| 2011 年 | 東北地方太平洋沖地震 | 9.0 | 7 | 22,233 名 | 402,748 |
| 2016 年 | 熊本地震 | 7.3 | 7 | 272 名 | 43,388 |
| 2018 年 | 北海道胆振東部地震 | 6.7 | 7 | 41 名 | 1,761 |

出所）気象庁 HP「日本付近で発生した主な被害地震（平成 8 年以降）」に筆者加筆

　近年、これだけ多くの災害が発生しており、今後も首都直下地震や南海トラフ地震の発生が予想されている中で、みなさんも人生に一度は大規模災害に遭遇すると考えた方がよいだろう。また、水害などの異常気象も多発している中で、日常生活に潜む様々な災害リスクに対する備えをしておくことが欠かせない。来るべき災害に備えるために、あなたは何をしなければならないのか。そのような災害リスクについて対応するための視点について考えてみたい。

　本章では、災害の問題を通じて環境とリスクの問題について考えてみたい。ここで取り上げるのは、(1)地震や津波などの自然災害、(2)水害や異常気象の原因としての地球温暖化、(3)福島第一原発事故の人的災害、の３つである。ただしここでは、自然科学に基づくその発生メカニズムなどについては基本的に説明しない。そうではなく、社会を生きるわれわれがそれらの災害をどう捉え、どう対応すべきかについて考えてみたい。

## 第２節　自然災害と防災

### 1　災害とは何か

　様々な事象について考える前に、そもそも災害とは何かについて考えてみたい。われわれが災害と聞く時、具体的には地震、津波、洪水、などを思い浮かべる。しかしそれらは、正しくは災害ではない。それらは単に大地が大

きく揺れたりするなど自然現象にすぎない。災害とは、そのような自然現象がある社会的な環境の中で生じることで成立するのである（林 2003, ワイズナー 2010）。

　具体的に考えてみよう。地震は地球を構成するプレートに別のプレートが潜り込む過程で生ずる大地の揺れであるが、人間が住んでいないところで地震が起きても基本的に何ら被害は発生しない。あくまでも大地が揺れただけである。同じく洪水も、河道から水があふれ出す現象であるが、これもあふれ出た先に人々の営みがなければ被害は発生しない。床上浸水したり、家が流されたりと被害が発生して始めて洪水は水害となる。

　災害は、地震や津波などの自然現象とは区別されるべきである。災害を生み出す自然現象のことをハザードという。そして災害とは、われわれ社会がそのハザードを受け止めた結果として生ずるものである。われわれの社会環境がハザードに対して準備をしていれば最小限度の被害にとどまるかもしれない。逆に、われわれがハザードに対する準備を怠れば大きな被害を生み出す可能性がある。

　ハザードに対するわれわれ社会の備えの程度を脆弱性と呼ぶ。たとえば地震災害ならば、耐震基準をクリアした建物が整備されているかどうか、火災の延焼を防ぐために幅の広い道路が整備されているかどうか、などが地震災害に対する社会の脆弱性として指摘できるだろう。そういった対策がとられていなければ、脆弱性が高いといえよう。津波災害ならば、津波の浸水を防ぐ防潮堤が沿岸部に建設されているかどうか、さらに常日頃から避難訓練を行い、津波に対する意識を醸成しているかどうか、などが挙げられる。ハザードに対する脆弱性は、建築環境などのハードな面から、地域住民の意識や人間関係などソフトな面まで、幅広く存在する。

　ワイズナーという災害人類学者は、災害をハザードと脆弱性との関数であると定義づけた（ワイズナー 2010）。これまで自然科学の領域では地震や津波が発生するメカニズムが研究されてきた。しかしそれだけでは災害対策としては不十分である。社会の側の脆弱性を研究することも重要であり、そこにおいて心理学や社会学などの人文・社会科学による研究もまた求められてい

る。

## 2　防災・減災の取組みとその矛盾

　では、地震や津波などのハザードに対してどのように備えればいいのか。それは、ハザードに対する社会の脆弱性を低めるような取組みをすることであろう。防災・減災の取組みである。防災はハザードによる被害を生み出さないことを意味するが、これだけ大規模な災害が頻発している中で、完全に防ぐことは不可能だと考えた方がよい。そこで現状より被害を少なくするという意味で減災という考え方が登場した。ここでは、災害による被害を軽減する社会の側の取組みのことを防災・減災ということにしよう。

　防災心理学者の林春男は、地震を念頭に防災・減災に向けた6つの要素を整理している（林 2003：3）。図10-1 はそれを示したものである。地震が発生した際、被害が発生し、それに対して何らかの対応が求められる。その際、被害を規定するのは地震の規模と社会の防災力である。それぞれハザードと脆弱性を言い換えたものといえよう。その際、地震などのハザードがどのように発生するのかを理解することに加えて、その理解を前提に社会の防災力を高める取組みを行うことが求められている。さらに、一度大きな災害が発生すれば、その災害発生のメカニズムをきちんと理解し、次に同じようなハザードが発生しても、被害を（なるべく）生み出さないように取組みを行っ

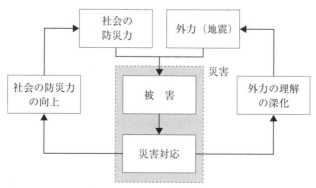

図 10-1　防災の 6 つの基本要素

出所）林春男『いのちを守る地震防災学』岩波書店、2003 年

ていくことが求められる。防災まちづくりという視点である。

　個々のハザードに対する脆弱性とそれに対する防災・減災の取組みについて具体的に考えてみよう。阪神・淡路大震災は神戸という大都市を襲った地震であった。木造密集地帯を地震が襲い、死者の多くが建物の倒壊による圧死であったといわれている。また、その後に発生した火災に巻き込まれた人も多数存在した。そのため、阪神・淡路大震災からの復興過程においては、耐震基準を満たす建物への建て替えや細街路の拡幅などが防災まちづくりとして行われている。他方、東日本大震災においては東北地方の太平洋沿岸を大津波が襲った。死者の多くは溺死であった。そのため東日本大震災の被災地においては、大津波による被害を軽減するために住宅の高台への移転や防潮堤の建設などが進められている。

　ただし、このような防災への取組みはどこまで行えばいいのだろうか。まったく被害を生み出さないような防災まちづくりもできるが、そのためには膨大なお金、時間が必要になる。特に人口減少社会に突入した日本において、それだけのコストをかけて防災まちづくりを行うことが合理的なのか。また、防災だけの視点でまちづくりを行うと、それ以外のことに配慮がされておらず、まったく住みづらい地域社会になってしまうかもしれない（小熊 2015）。

　災害社会学者の大矢根淳は、東京都において防災まちづくりとして行われた市街地再開発事業が、結果として地域社会を崩壊させてしまったことを指摘している（大矢根 2005：280-282）。阪神・淡路大震災からの復興事業においても、「創造的復興」の名のもとに強引な都市計画が策定され、多くの住民がもとの居住地に戻れない事態が生じている。

## 3　レジリエンス

　防災対策として求められるのはこのようなハード事業だけではない。林春男は社会の防災力を高めるためには、①災害に対する抵抗力を高める、②災害に対する回復力を高める、の2点を指摘している（林 2003：39）。①の具体例が耐震基準を満たした建物へ建て替えることだとすると、②は防災意識を高めたり、避難訓練をしたり、近隣住民と協力して復旧・復興を推し進めていくことだといえる。また、被災地が復旧・復興していく際に、被災地内部

の社会資源や社会関係が大きく影響していることが指摘されている。

　このように、被災地が復旧・復興してく際の回復力のことをレジリエンスと呼ぶ（浦野 2010）。具体的には、阪神・淡路大震災で被災した神戸市長田区真野地区は震災前からまちづくりが盛んな地域であった。公害問題の発生をきっかけとしてまちづくり協議会が発足し、地域住民の組織化が行われていた。阪神・淡路大震災に直面し、この震災前からのまちづくりの取組みが震災対応から復旧・復興のあらゆる段階に活かされている。生き埋めになった住民の救出、避難所での炊き出し、食料や救援物資をめぐる行政との交渉、住宅補修や住宅の共同建替への支援など多方面に及んでいる（今野 2012）。

　ハザードに対する社会の対応力を脆弱性というならば、レジリエンスは災害発生後の社会の回復力といえるだろう。レジリエンスとしてどこまでの領域を想定すればいいのかについてまだ確定しているわけではなく、今後の研究蓄積が待たれているところでもある。ただし防災対応においては、脆弱性だけでなくレジリエンスも、つまり緊急時への地域社会レベルの対応力を震災前から培っておくことが求められている。

## 第3節　気候変動と環境問題

### 1　地球温暖化による気候変動

　次に異常気象について考えてみたい。近年、地球温暖化に伴う気候変動により多数の災害が発生している。水害はその典型的なものの一つであるし、それ以外にも近年の猛暑とそれによる熱中症による被害も指摘できるだろう。次に、このような気候変動による災害の発生について考えてみたい。

　気候変動の影響としてよく指摘されるのが平均気温の上昇である。世界はこの100年で平均気温が0.69℃上昇した。もちろん年ごとの変動もあるし、地域によるばらつきもあるので、場所によってはもっと高くなっているところもある。陸上だけに限ると0.92℃も上昇している。このような平均気温の上昇は地球上の自然環境に様々な影響を与えている。ゲリラ豪雨の発生、北極の解氷面積の増大やヒマラヤ山脈の氷河の縮小、海面上昇とそれに伴う低地の水没、生態系の変化による種の絶滅、農産物の生産適地の変化、などで

ある。これらの事象の発生により、地域によっては水害に遭遇したり、水不足に直面したりする可能性がある。

　このような気候変動による異常気象の発生は人間活動の結果であることが最近の研究において明らかになっている。具体的には、国連の気候変動に関する政府間パネル（IPCC）がこれまで五次にわたる報告書を作成しており、その中で化石エネルギーの使用による $CO_2$ などの温室効果ガスの排出が地球温暖化をもたらしていることの科学的裏づけが示されている（鬼頭 2015, 小西 2016）。その結果として、上記で紹介した平均気温の上昇や海面上昇などの気候変動に伴う災害が生じている。要するに、地震や津波とは異なり、気候変動による異常気象の発生は人間がもたらしたものなのである。

## 2　気候変動による災害への対応

　気候変動に伴う災害の原因である地球温暖化に対して、われわれはどう取り組めばいいのか。この地球温暖化についてまず確認しておきたいのは、この問題は、誰もがその影響を多かれ少なかれ被っているが、他方で誰もがそれに多かれ少なかれ関与している、ということである。少し考えてみればわかるが、われわれは電気を使ったり、車を走らせたりと、便利な生活を享受している（もちろん社会によって生活レベルに差はあるが）。しかしその積み重ねの結果として $CO_2$ を排出し、地球温暖化が進んでいる。このように言い換えると、誰もが被害者であり、誰もが加害者なのである。

　地球温暖化を食い止めるためにはわれわれ一人ひとりが自らの暮らし方を見直す必要があるだろう。たとえば節電やクールビズを心がけたりすることが挙げられる。ただし、それだけでは根本的な解決にはならないことが明らかになっている。つまり、一人ひとりの暮らし方を見つめ直すだけでなく、社会の仕組み自体も変えていく必要もある。2011 年の福島第一原発事故以降、日本においては原子力による発電はほとんどなされておらず、その多くを石炭や石油などの化石エネルギーを用いている。2016 年度には発電の 83.7 ％が石炭、石油、天然ガスなどの化石エネルギーを用いており、再生可能エネルギーは 14.5 ％にとどまる（水力含む）。どんなに一人ひとりが節電しても、社会におけるエネルギー政策自体を見直さなければ地球温暖化を食い止める

ことはできないのである。

　地球温暖化を食い止めるために、国際的な取組みがなされている。1992年に国連で気候変動枠組条約が締結され、以降、この条約に加盟する国々が毎年会議を開催している。そして気候変動に関する政府間パネルという国際機関が、地球温暖化が人間活動によるものかどうかを最新の科学的な知見を踏まえて報告書をとりまとめており、それをもとに条約締結国会議で国家間交渉が行われている（小西 2016）。とはいえ、どの国も自国に不利な条約を結ぶことはしたくないので、なかなか合意に至ることは難しい。各国の温室効果ガスの削減目標を定めたパリ協定が 2015 年末に締結されたが、しかしトランプ・アメリカ大統領は 2017 年に一方的に協定からの離脱を宣言してしまった。

　また、地球温暖化の影響の与え方／受け方は人々や国によって一律ではない。たとえば太平洋の島国が海面上昇により水没の危機にさらされているが、そういった国々はあまり豊かな国々ではなく、さらにこれまで温室効果ガスをほとんど排出してこなかったにもかかわらず、そのような危機にさらされている（ただし、温暖化と水没との関係はそれほど単純な話ではない。田中〔2009〕を参照）。そのため、先進国の産業活動による温暖化が途上国の生活環境の悪化をもたらしているのは、公平とはいえない。また近年になって地球温暖化が問題となり温暖化対策が世界的に求められてきた中で、これまで先進国が $CO_2$ を排出して発展してきたのに対し、今になって途上国の産業活動が抑制されるのも公平ではない。加えて、現在世代と将来世代とでエネルギー利用に不公平があるのもまた問題である。

　このように、地球温暖化を防ぐためにはグローバルなレベルでの抜本的な取組みが求められるが、関係機関があまりにも多く、力関係も不均等であるため、解決はかなり困難な状況にある。

## 3　公害問題

　地球温暖化は被害者と加害者があいまいな環境問題であると指摘した。他方で、公害問題のように、被害者と加害者が比較的わかりやすい問題も存在する。ここでは、公害問題について考えてみよう。

　公害とは「環境の保全上の支障のうち、事業活動その他の人の活動に伴って生ずる相当範囲にわたる大気の汚染、水質の汚濁、土壌の汚染、騒音、振動、地盤の沈下及び悪臭によって、人の健康又は生活環境に係る被害が生ずること」と環境基本法第 2 条第 3 項において示されている。この定義はもともと、1967 年に制定された公害対策基本法の定義をほぼ引き継いでいる。日本ではこれまで、工業化・産業化の進展に伴い全国各地で公害が発生してきた。高度経済成長の時に公害の発生はピークとなり、水俣病、新潟水俣病、イタイイタイ病、四日市ぜんそくの四大公害をはじめとして、多くの健康被害を生み出した。その被害救済を求める声に押されて公害対策基本法が策定され、また 1971 年には環境庁（その後、環境省）が発足するなど、政府としても環境対策に取り組むようになった。

　環境社会学者の飯島伸子は、公害問題における被害を理解するために被害構造論を示した（飯島 1993）。確かに公害被害によって生命を奪われたり、障害が残ったりと健康被害が生ずる。しかし飯島によれば、そのことが他の派生的な被害を生み出す。家計生計者が被害を受けると他の家族構成員が生活できなくなる。また、健康被害を受ける中で周囲から差別を受けたり、加害企業から屈辱的な対応を強いられることもあるだろう。また公害問題の発生自体が地域環境を悪化させたりする。つまり、公害被害を①生命・健康の領域に限らず、②生活、③人格、④地域環境と地域社会にまで広げて捉えること、加えて生命・健康被害が他の領域の被害へと波及していくことを被害構造論は示している。

　公害問題はその後の政府の取組みによって、近年では大きな社会問題として取り上げられることはなくなった。企業による環境破壊は許されないという社会的な合意も形成され、企業の社会的責任が確立されつつある。だからといって公害問題が過去のものだとはいえない。後ほど述べるように、東京電力による福島第一原発事故とその後の取組みをみると、公害問題への理解を深めておくことがまだまだ必要である。次節では福島第一原発事故について考えてみたい。

## 第4節　福島第一原発事故とリスク社会

### 1　福島第一原発事故による被害

　2011年3月11日に発生した東日本大震災に伴う福島第一原発事故の発生により、原発周辺地域から多くの人が避難を余儀なくされた。政府や地方自治体により避難指示が出された人を強制避難者と呼ぶが、その数はおおよそ10万人といわれている。避難指示区域外でも事故への不安から遠くへ避難した人がいるが、それらを含めると約20〜30万人が避難を強いられたと思われる。

　避難を余儀なくされた福島県富岡町の住民が、原発事故によって何を失ったのか、についてみておこう。ここでは筆者も関わったとみおか子ども未来ネットワークによるタウンミーティングに参加した住民の声を紹介したい（山本ら2015）。富岡町民は他地域へと避難を余儀なくされることで、富岡町での生活拠点である住宅や仕事を失った。それだけではない。被災者が富岡町の中で積み重ねてきた「暮らし」や「人生」も喪失する。たとえば、富岡町に嫁いできた女性は「自分が一からつくったママ友のつながりを全部なくしてしまった」と語っているが、人間関係や、自宅で楽しみにしていた家庭菜園、定年退職後に楽しみにしていた夢までも失っている。

　被災者は富岡町というコミュニティも喪失した。富岡町民の多くは三世代家族という形で生活しており、助け合いながら生活してきた。それが原発避難によって世帯がバラバラになった。場合によっては3世帯、4世帯と分かれる場合もある。富岡町の住民にとって「自然なのは、お父さんがいてお母さんがいておじいちゃんがいておばあちゃんがいて、地域のコミュニティがあるという環境」であり、それが失われたことは、日常生活のあらゆる場面に影響を及ぼす。同居家族だけでなく隣近所のつながりも失うことで日常的に助け合える関係も失った。

　加えて、被災者は避難に伴う様々な否定的まなざしを受けている。たとえば、避難先で多くの被災者は否定的なまなざしを受けている。「最近、私は『避難』という言葉は使わないようにしたんです。『いわきにお世話になって

いるんです』ということで（考えないようにした）。（「避難」というと相手が）なんだか重荷に受ける感じみたいで、だからなるべく使わないようにしています」というふうに避難者に語らせる背景には、避難指示に伴う賠償金の支払いなどに対するやっかみなどがある。それ以外にも、避難者同士でも避難先はどこか（県外／県内）、どこに避難しているのか（仮設住宅／借り上げ住宅）などによっても分断が生じている。

　原発被災者が受けた被害には、住宅や仕事、家族生活、人間関係やコミュニティ、商店や医療などの生活環境、自然の恵み、など多岐にわたる。原発事故の被災者に対する各種賠償は原子力損害賠償紛争審査会（以下、原賠審）が指針を出し、それに基づいて東京電力が支払っているが、原子力損害賠償紛争解決センター（ADR センター）による仲介を東京電力が拒否する事例が頻発している。賠償額は 2019 年 2 月時点で約 8 兆 7000 億円にのぼるが、まだまだ増える見込みである。このことは、原発事故による被害が一企業に償える規模ではなく、取り返しのつかない出来事であることを示している。

## 2　公害問題としての福島第一原発事故

　このように福島第一原発事故は、災害という視点ではなく、公害という視点でみた方が問題の本質を明確に理解することができる。環境経済学者の除本理史は原発事故被害の特徴を、(1)放射線被ばくの健康被害がリスクであること、(2)住民の大規模な避難に伴う地域社会の喪失、の 2 点にみている（除本 2016：84-86）。

　(1)放射線被ばくの健康被害がリスクであることについては、それが確率の問題であるということだ。低線量の放射線被ばくであっても健康被害が出ないとはいいきれない。さらにその影響が直ちに健康被害となって表れるわけでもない。加えて放射線被ばくの影響は年齢などにより異なる。そのため予防的に避難することになるが、特に若い子どもを持つお母さんが母子避難という形で予防的に避難する傾向にあった。

　(2)住民の大規模な避難に伴う地域社会の喪失については、単にその人数だけでなく、地域社会を構成するあらゆる要素が避難によってその機能を失ったことが挙げられる。行政機能も他地区に避難し、商店などの生活インフラ

や雇用の受け皿としての働き口も喪失した。農的な暮らしもその価値を失った。舩橋晴俊は生活環境の五層の破壊として捉えた。つまり人々の日常生活を支える自然環境、インフラ環境、経済環境、社会環境、文化環境が丸ごと崩壊したというのが舩橋の指摘だった（舩橋 2014：62-64）。除本はそのことを「ふるさとの喪失」という言葉で表現する。舩橋のいう五層の生活環境について、その一体性が破壊されたことを強調する（除本 2016：32-33）。

　それでは、公害問題としての福島第一原発事故の解決に向けて何が求められるのか。人災である福島第一原発事故に関しては、加害者である東京電力が被害に向き合い、被害者に対して賠償を行うことだろう。もともと原発事故前から、事故時の責任はすべて電力事業者が無制限に負うことが法律に定められていた。そして政府は原賠審を通じて賠償基準を提示した。しかしこの賠償指針は最低限の賠償基準を示したにすぎず、この指針をもとに被害者に対して賠償が支払われているが、加害者である東京電力が賠償の支払いを拒むケースさえ出てきている。その中で、全国各地で被害回復と賠償を求めて訴訟が行われている。

　ただし、事故を起こした責任は東京電力だけにあるのだろうか。原発政策を推進してきた政府にも責任があるはずだ。福島第一原発に限らず、これまで原子力発電所は外来型開発として行われてきた（除本 2016）。つまり、中央政府や大企業の意向に従って原発計画が立てられ、建設され、運転が開始された。そこに地元の住民が政治的に意思表示する余地はほとんど残されていない。事故後も政府は、現在の法制度のもとで債務超過に陥った東京電力を支援し、他方では原賠審などを通じて賠償の基準を定めてきた。いうなれば、片方の加害者が賠償基準を定め、もう片方の加害者が定められた基準の賠償さえ払わないという事態が生じている。

　除本は「加害責任の明確化は、被害実態に即した救済と原状回復を進めるだけでなく、企業の姿勢や国・自治体の政策を改善していくためにも不可欠である」と述べているが（除本 2016）、被害の全容を学術的に明らかにしていくことが求められている。

## 3　リスク社会の誕生

　福島第一原発事故の問題を考える際には、リスクという視点が有益である。ここではリスクという視点について考えてみたい。リスクについて考えるきっかけとして、これまで紹介した地震と異常気象について考えてみよう。地震や津波はハザードであるが、気候変動による異常気象は正確にはハザードではない。なぜなら、水害など災害をもたらす異常気象は、われわれ人間社会の行動選択の結果であるともいえるからだ。

　ドイツの社会学者のルーマンは、危険とリスクとを対語として設定する。危険とは、地震や津波などのハザードのように、人間の行為選択とは関係なく「良くないこと」が生じる確率のことをいう。それに対してリスクとは、人間の行為選択の帰結として「良くないこと」が生じる確率のことをいう。たとえば喫煙による肺がんの発症については、人間が煙草を吸ったことの帰結として肺がんになるのであるなら、それは危険ではなくリスクである。福島第一原発事故も、人間が原子力発電所を建設し稼働させた結果に生じたという意味で、それはリスクである。地震や津波による危険も、肺がんや原発事故のリスクも、それが生じていない段階では可能性の話にとどまり、その発生確率が検討される。首都直下地震が発生する確率や肺がんになるリスク、という形である。

　このように考えるとわれわれは、人間活動の結果として生じる様々なリスクの可能性と隣り合わせであるといえる。それはあくまでも可能性であり、必ず良くないことが生じるわけではない。リスク計算という形で、喫煙による肺がんの発症確率と原発事故が起きる確率が数値によってその大小が示されることもある。ただし現代社会が抱えるリスクは、原発事故のように、仮に生じる可能性が低くてもそれが一度生じてしまうと、とてつもなく広範囲に取り返しのつかない被害をもたらす。

　このように自らが生み出したリスクの生ずる可能性に満ちあふれ、それが自分たちの在り方を決めてしまう社会のことを、同じくドイツの社会学者のベックは「リスク社会」と呼んだ。ベックによれば、リスク社会においてはリスクの分配をめぐって争いが生ずる。原子力発電所を建設することがリス

クを伴う行為であるが、そのためにこれまで日本では人口の少ない過疎地域が立地として選ばれてきた。政府は原子力政策を進めてきたが、各地で反対運動に遭遇し、そのため立地地域に交付金を支払って迷惑施設としての原発を受け入れさせてきた。また、新潟県巻町では原発事故のリスクに地域住民が立ち上がり、住民投票を通じて自分たちの意思を示してみせた（成 1998）。

　また、リスクの具現化が新たなリスクを生み出すことにも注意を向けるべきである。原発の立地によって周辺住民には事故に遭遇するリスクに直面することになる。巻町の人々はこの原発事故のリスクを考慮して建設に反対の意思を示した。しかし本節で述べた福島第一原発では実際に事故が発生してしまった。事故が発生し、リスクが具現化すると、今度は放射線被ばくに伴う健康被害が発生するリスクに直面している。

## 第5節　災害リスクに備えるために社会の在り方から根本的に変える

　これまでみてきたように、われわれは地震や水害など様々な災害リスクを抱えながら生きていかざるをえない。どんなに科学技術が発展したとしても、地震や津波などの発生を防ぐことはできない。さらに地震が発生する場所と規模についての予測についても、ピンポイントであてることができるまでの地震学の研究蓄積はまだない（平田 2016）。残念ながら、これが現実である。地震や津波などについてはそのメカニズムを理解し、自助・共助・公助の中で対策を防災まちづくりとレジリエンスを高める取組みが求められる。また、過去の災害の記憶を忘れず、語り継いでいくことも重要だろう。

　他方、気候変動に伴う異常気象のリスクについては、地球上に生きるわれわれ一人ひとりが程度の差はあれ加害者であり被害者であるような関係にある。そこにおいてはわれわれ一人ひとりが取り組めることに加えて、エネルギー政策など、社会の仕組みを根本的に変えていく必要がある。その結果として、場合によっては不便な生活を強いられることもあるかもしれない。

　また、原発事故のような人災に遭遇する可能性もある。これは、加害者と被害者が明確な問題のようにもみえる。しかし福島第一原発事故は、東京電力や政府だけに責任があるのだろうか。これまで政府が原発政策を進めてき

たならば、その政府のトップを選ぶ国会議員を選んできたわれわれにも少し
は責任があるといえる（森・毎日小学生新聞 2011）。

　このように考えると、異常気象のリスクにせよ、福島第一原発事故にせよ、
自分が少しでも加害の責任ある立場にあるならば、その出来事について関心
を持ち、考え、話し合うことが必要である。政治学者の篠原一は討議民主主
義を通じた市民社会を形成し、政治に関わっていくことの必要性を説いてい
る（篠原 2004）。また討議民主主義を実現するための方法も考案されている。
討論型世論調査という手法である（曽根ら 2013）。これは福島第一原発事故後
のエネルギー政策、具体的には原子力発電所の電源構成について決定するた
めに民主党政権下において行われた。様々な批判もあり、必ずしもうまくい
っているとはいえないが、市民の議論の成果を踏まえて世論を確定するとい
う方法は重要であり、今後も様々な試行錯誤の中で政府の政策決定において
用いられるべきだろう。もちろん、市民の声を受け入れる行政機関の在り方
を変えていくことも求められる（舩橋 2013）。

　いずれにせよ、災害への対応を考えるということは、一人ひとりができる
ことをすればいい、ということではなくなっている。われわれが暮らす社会
の在り方自体を問い、それに声を挙げ、変化を求めていくことが求められて
いるといえよう。

■引用・参考文献
ベック, U. 東廉・伊藤美登里訳 1998 年『危険社会』法政大学出版局
林春男 2003 年『いのちを守る地震防災学』岩波書店
平田直 2016 年『首都直下地震』岩波新書
舩橋晴俊 2013 年「震災問題対処のために必要な政策議題設定と日本社会におけ
　　る制御能力の欠陥」『社会学評論』64（3）pp.342-365
舩橋晴俊 2014 年「『生活環境の破壊』としての原発震災と地域再生のための『第
　　三の道』」『環境と公害』43（3）pp.62-67
飯島伸子 1993 年『環境問題と被害者運動（改訂版）』学文社
鬼頭昭雄 2015 年『異常気象と地球温暖化』岩波新書

小西雅子 2016 年『地球温暖化は解決できるのか』岩波ジュニア新書

今野裕昭 2012 年「被災者の生活再建の社会過程」吉原直樹編『防災の社会学（第 2 版）』東信堂 pp.149-180

ルーマン，N. 小松丈晃訳 2014 年『リスクの社会学』新泉社

森達也・毎日小学生新聞編 2011 年『「僕のお父さんは東電の社員です」』現代書館

小熊英二 2015 年「ゴーストタウンから死者は出ない」小熊英二・赤坂憲雄編『ゴーストタウンから死者は出ない』人文書院 pp.21-81

大矢根淳 2005 年「災害と都市」藤田弘夫・浦野正樹編『都市社会とリスク』東信堂 pp.269-302

篠原一 2004 年『市民の政治学—討議デモクラシーとは何か』岩波新書

曽根泰教・柳瀬昇・上木原弘修・島田圭介 2013 年『「学ぶ、考える、話しあう」討論型世論調査』ソトコト新書

成元哲 1998 年「『リスク社会』の到来を告げる住民投票運動—新潟県巻町と岐阜県御嵩町の事例を手がかりに」『環境社会学研究』（4）pp.60-75

田中求 2009 年「環境問題をめぐるローカルとグローバル」関礼子・中澤秀雄・丸山康司・田中求『環境の社会学』有斐閣 pp.138-159

浦野正樹 2010 年「災害研究のアクチュアリティ—災害の脆弱性／復元＝回復力パラダイムを軸として」『環境社会学研究』（16）pp.6-18

ワイズナー，B. 渡辺正幸・石渡幹夫・諏訪義雄・岡田憲夫訳 2010 年『防災学原論』築地書館

山本薫子・高木竜輔・佐藤彰彦・山下祐介 2015 年『原発避難者の声を聞く』岩波ブックレット

除本理史 2016 年『公害から福島を考える』岩波書店

# 第11章　共生社会の構築へ向けて

　「共生」や「共生社会」という言葉は今日様々な領域で用いられ、外国人、障害者、ホームレス等の社会的に排除された人々、さらには男女間、世代間の共生等に至るまで様々なニュアンスの違いを含みつつ多様な用いられ方をしている。だがもう一方で「共生」や「共生社会」という言葉は、目指すべき人間関係や社会の在り方を象徴的、共約的に表現した理念としても使用されており、その理念に向けて、現存の社会制度や社会資源、あるいは人間関係等を全体として組み替え、再編していこうとするシンボリックな言葉としても機能し始めている。(1) それゆえここでは主に社会福祉領域やその関連領域の中から発展してきたノーマライゼーションやソーシャル・インクルージョン、シチズンシップ等の理念などと対照させつつ、「共生」や「共生社会」が描き出す人間関係や社会の在り方を多少なりとも明確化していこうと思う。

## 第1節　ノーマライゼーションの理念

### 1　脱施設化と社会のノーマライゼーション

　ノーマライゼーションという言葉は、そもそもは北欧デンマークにおける知的障害児施設の中での人権侵害問題に対する親の会の運動から生まれた福祉実践を支える「福祉思想」を表現した言葉である。ミケルセン（B. Mikkelsen）は、「知的障害児（者）の生活を、可能な限り普通の生活状態に近づけるようにする」という「ノーマライゼーション法（1959年法）」の制定に尽力した。こうした動きの中から形成されたノーマライゼーションの理念は、従来の「収容保護」の原則から展開されてきた「施設中心主義」や「隔離収容主義」を乗り越え、障害者であろうと、一般の人と同じように、地域の中で他者とともに生活できる社会を実現していこうとする実践理念として形成

されてきた。そして今日では障害者領域のみならず広く社会福祉の実践理念の一つとして普及してきている。

　障害者の人権・価値・尊厳は他の市民と等しく、障害を持つ者も持たない者も平等に生活できる社会こそがノーマルな社会であるという理念のもと、障害者が、障害を抱えながらも普通の市民と同じように生活ができるような環境を作り上げることこそが、ノーマライゼーションの理念であり、それこそがその理念の目指すところである。

　当初、ノーマライゼーションの理念は、施設内における人権侵害問題の改善や、隔離収容主義に対するアンチテーゼとして機能し、施設の開放化や社会化を目指す実践として展開されてきた。しかしながら障害者がコミュニティの中（in the community）で普通の人と同じように生活していくには、数多くの社会的障壁（社会的バリア）が存在していた。一般に、通常の社会環境はマジョリティを形成している健常者用に作られており、マイノリティの障害者に配慮して作られていない場合が多い。それゆえ障害者がコミュニティの中で実際に生活を送ろうとすると、どうしても様々な障害とぶつかってしまう。物理的な移動に伴う「物的・環境的バリア」、就労や資格取得などに関わる「欠格条項」等の「制度的バリア」、生活上必要な情報が通常の手段では提供されていかないといった「情報遮断状態」等に関わる「情報的バリア」、そして障害者と一般健常者との間の相互交流や相互理解を阻む「偏見」や「誤解」、「スティグマ」等の「心のバリア」など様々な障害が存在している。こうした幾重にも張り巡らされたバリアの除去には、物的、対人的、社会的、制度的な既存の枠組みの問い直し、作り直しが必要であり、コミュニティによる（by the community）支援体制の確立がどうしても必要であった。いわば社会のノーマライゼーションが求められたのである。

　そうした動きの中で、「隔離収容主義的な」大規模施設の建設の中止が図られたり、社会復帰に向けての支援システム作りや地域の中での生活を可能にするコミュニティ・ケアの展開が図られるようになっていったのである。

## 2　対人関係に関する社会のノーマライゼーション

　社会的制度や社会システムに関してのノーマライゼーションとは別に、対

人関係の中にみられる障害、いわば「心のバリアフリー」として語られる問題も存在している。

　一般に、健常者にとっては何の問題もないと感じられることが、障害者にとっては大きな障害として立ち現われることがあったり、逆に障害者には手助けなど必要ではないような状況なのに、健常者には手助けが必要な状況に思えたりといった場合がある。また、障害者に対する一般の人の態度や構えも、ある能力が欠如した存在として、まるでいまだ能力の発展していない子どもと関わるかのように、過度に保護的な態度で関わったり、障害者に対してどう振る舞っていいのかわからないために、過度に意識的な振る舞いとなってしまったり、逆にそうした戸惑いや気まずさから障害者の存在そのものを無視したりするような態度をとってしまう場合も多い。また逆にわれわれが無意識的に用いているノンバーバル・コミュニケーションを四肢麻痺の障害者が用いることのできない困難さとか、われわれが対人関係場面でしばしば用いる一般的な回避行動を車椅子に乗っている障害者がなかなかとりえないという事実や、付き添いの健常者がいると障害者本人に対してではなく、付き添いの人についつい話しかけてしまうといったような事態もしばしば生じてしまう。これらはいわば両者の間に存在する対人的な「心のバリア」の問題、両者の交流のなさから生じてくる誤解や偏見の問題、あるいは関係性における障害の問題であるが、両者の交流の促進、ならびにその関係の再構築化が進まないと、そうしたバリアがいたるところに顔をのぞかせてしまうことになるのである。

　両者の間のコミュニケーションということに関していえば、一般の人が障害者の障害体験について尋ねることはきわめて稀である。障害のことは聞いてはいけない、尋ねてはいけない、触れてはいけないことといった意識が働くためだろうが、これでは両者の交流や障害体験の共有化、相互理解はいっこうに進まない。重い病気を体験した人から「病いの体験」を聞くことはあるが、「障害体験」に耳を傾け、その体験の共有化を図ることは少ない。今日の社会では「障害体験」はまだまだネガティブなものとして扱われがちである。だが「病いの体験」がしばしばそうであるように、「障害体験」自体

が人間の儚さや人間の尊厳といった人間の根本条件にしばしば眼を開かせて
くれたりもするのである。

　ここであえて逆説的な表現をとれば、「病い」や「障害」や「死」との対
話のない人生を自らが生きるということ、あるいは「病い」や「障害」や
「死」を覆い隠した社会・文化の中で生きるということは、「生命の持続と延
長」が人生や社会における中心的価値をなしているがゆえに、多くの人が「生
命の質」や「生活の質」というQOLの問題に関して、まったく無関心でい
られたりすることも可能だということでもある。

　人類学者であり、自らの障害体験に関するフィールドワークを行ったマー
フィー（1992）は、障害者の生に向けた闘いの中に、社会における個人の最
も崇高な在り方が凝縮されていることを見出し、障害者の生を否定しようと
する努力は、結局は、生そのものの否定とならざるをえないと論じている。
よく生きられた人生なるものの核心が、否定性、活動停止、そして死に対す
る挑戦であるように、「病い」や「障害」との闘いやそれらとの絶えざる対
話が、自らの人生をより厚みのある豊かなものに変え、生への覚醒や生への
狂おしいほどの情熱をもたらしたりもするのである。逆説的ではあるが、一
般に多くの健康な人たち、あるいは健常者たちが見落としているのは、障害
というものが人間存在の普遍的な特徴に他ならないという事実、すなわち「人
間は誰もみな能力の限界をもち、多かれ少なかれ誰もがみな障害者なのだ」
という事実である。健常者と障害者の二分法は、両者を持てる者と持たざる
者へと二分し、障害者を一方的に「何らかの能力を欠いた存在」として捉え
てしまう場合が多い。しかしある能力を欠いている者は、生活上、他の能力
を発展させたりもするし、健常者が気づきがたいことに気づいたりもするの
である。「病い」や「障害」の体験は、自らの人生をより豊かにし、生への
覚醒をもたらしたりもする。その意味では、「障害」という言葉は、無定形
で相対的な言葉にすぎない。「身体麻痺者は、確かにほぼ文字通りの意味で、
肉の虜であるが、思えば、身障者ならずともたいがいの人は多かれ少なかれ
囚われの身」である。「身体障害という肉体の"拘束服"を着せられている
よりも、心の"拘束服"を着せられ、自分の作った壁に囲まれて文化に隷属

して生きている状態の方が、ずっと悲惨なのではないか」とマーフィーは自らの障害体験を通じて問いかけている。

　人間にとっての生活の質（QOL）は、個人と社会（の人々）との関係性の中に具現化される。自ら重い障害を持つ小山内美智子は「私は身体に重い障害をもっています。しかし、私は、いままでも、今も、自分のことを〈障害者〉だと思ったことはありません。なぜなら、私は多くの仲間とともに社会的に生きているからです。人間は一人ぼっちになってしまうとき、誰でも〈障害者〉になるのです」（足立ら 1999）と語っている。人間と社会との関係性の中にある〈障害〉、人間と社会との関係性の中に具現化される生命の質、「個体としての人間が所持している障害」ではなく、「関係性のなかに具現化してくる障害」は、単に障害者だけの問題ではなく、「われわれすべての人間にとっての障害の問題である」といえよう。またわれわれがそうした関係性に気づきうるのは、「当事者自らが語り、当事者から学ぶ」という両者の姿勢と、自分とは異なる異質な他者とともに生きるという姿勢の中から初めて生まれてくるものだといえよう。

## 第2節　わが国における共生の理念

　わが国においてノーマライゼーションの理念が広く知られるようになったのは、1981 年の「国際障害者年」以降のことであるが、北欧においてノーマライゼーション運動が展開されていた 1960 年代に、わが国においても共生の理念といいうるような先駆的な「福祉の思想」と実践が展開されていた。重症心身障害児・者の福祉と教育に多大な貢献をなし、「重症心身障害児の父」としてその名を残した糸賀一雄（1968）は、社会福祉の本来の意味は「この子らに世の光を」ではなく「この子らを世の光に」という視点から展開されるべきものであると主張し、以下のような言葉を述べている。

　「ちょっと見れば生ける屍のようだとも思える重症心身障害のこの子が、ただ無為に生きているのではなく、生き抜こうとする必死の意欲をもち、自分なりの精一杯の努力を注いで生活しているという事実を知るに及んで、私たちは、今までその子の生活の奥底を見ることのできなかった自分たちを恥

ずかしく思うのであった。重症な障害はこの子たちばかりでなく、この事実を見ることのできなかった私たちの眼こそが重症であったのである」。

「この子らが不幸なものとして世の片隅、山峡の谷間に日の目もみずに放置されてきたことを訴えるばかりではいけない。この子らはどんなに重い障害をもっていても、だれととりかえることもできない個性的な自己実現をしているものなのである。人間と生まれて、その人なりの人間となっていくのである。その自己実現こそが創造であり、生産である。私たちのねがいは、重症な障害を持ったこの子たちも立派な生産者であることを認めあえる社会をつくろうということである。『この子らに世の光を』あててやろうというあわれみの政策を求めているのではなく、この子らが自ら輝く素材そのものであるから、いよいよみがきをかけて輝かそうというのである。『この子らを世の光に』である」。

一見生きる屍のようだとも思える重症心身障害の子どもたち、その障害ゆえに他者からの全面的な介護なしには生活していくことのできない子どもたち、そうした子どもたちへの福祉とは、「この子らに世の光を」あててやろうという同情や憐れみに基づいて一方的に救済を提供するような福祉ではなく、この子らの生きようとする必死の努力や個性的な自己実現をしっかりと見据え、この子らとともに生きることを通じて、「この子らを世の光に」するような福祉の在り方だと糸賀は語っている。足立らは、仏教社会福祉事業の先駆者の一人である長谷川良信（1973：86）の「救済は相互救済でなければならない。即ちフォア・ヒム（彼の為に）ではなくて、トゥギャザー・ウイズ・ヒム（彼と共に）でなければならない」という言葉と、糸賀の福祉思想との共通性を見て取り、いわばこれこそが「共生」の思想であると語っている（足立ら 1999）。彼の為（for him）、この子らの為にといった同情や憐れみに基づいて提供される一方的な救済ではなく、彼らとともに、その子らとともに生きる（living together with him）という「共生」の実践こそが相互救済を生み出すのであり、その子らの個性的な自己実現に対する気づきや、その子らの生活の根底をみることができなかった重症な私たちの眼への気づきをもたらしたりもするのである。この子らが単なる援助の対象ではなく自己実現

の主体であり、そのことを相互に認め合える社会を作り上げるということこ
そが、「この子らを世の光に」の思想であり、共生社会実現に向けての「共
生」の思想であると語れよう。

## 第3節　ソーシャル・インクルージョンの理念

### 1　社会的排除とソーシャル・インクルージョン

　ソーシャル・インクルージョン（social inclusion）とは、フランスやイギリ
スなどのヨーロッパ諸国において、社会福祉の再編や再構築にあたっての基
調を形成している理念と実践であるが、貧困者、失業者、ホームレス等を「社
会から排除された（expatriate）人々」として捉え、社会的に排除されている
人々を再度社会に包摂・再統合化して、「多様な人々が共存しうる社会」の
実現を目指そうとする理念である。

　この理念の具現化を端的に示している社会的制度は、フランスの参入最低
限所得法（1988 年）による最低生活費扶助制度（RMI）である。その法律は、
欠乏によって社会から排除されている人々の社会的参入と職業的参入を図る
ために最低限所得を保障するとした法制度であり、社会的に排除された人々
を社会的に再統合することを目的として制定された法律である。[2] この
RMI は、単なる最低限所得を保障する金銭給付とは異なり、社会保険や職
業訓練（職業的リハビリテーション）とも結びついた制度であり、この受給に関
しては社会参入プログラムへの参加等が義務づけられている（仲村ら 2003：
209-231）。

　ソーシャル・インクルージョンという言葉は、社会的排除（social exclu-
sion）という概念と対をなす概念であるが、「社会的に排除されている人々」
がどのような人々かということに関しては、1980 年代当時のフランスをは
じめとするヨーロッパ諸国では「長期失業者」を指していた。だが今日では
その概念の拡大化が図られ、精神障害者、身体障害者、自殺者、高齢者、病
人、薬物濫用者、非行少年なども含めてその言葉が使用されている。

　1980 年代のフランスでは、フランス人であってもフランス社会に統合され
ず、社会的に排除された貧困層が急増していた。特に移民第二世代にそれ

はみられ、社会的排除による長期失業問題に苦しんでいた。こうした長期失業問題に苦しむ移民の人々に対しては、従来からの「誰に参加を認めるべきか」、「誰に対して給付をなすべきか」という二分法的議論が中心を占めていた。たが1980年代半ば以降になると、参入最低限所得法の成立を含め、「いかにそうした人々を社会に参加させるか」という議論がなされるようになり、「失業問題」や「住宅への権利運動」に取り組んでいる団体等を介して、社会的に排除されている人々を再度社会に包摂・再統合化して、社会関係の再構築と社会参加の実現を図るというソーシャル・インクルージョンを指向した新たなサービス給付の形態や諸活動が評価を得るようになっていった。

　「住宅問題を抱えた者」（ホームレスや住宅最低限基準に満たない住宅の居住者）に対しても施策の展開が図られ、ホームレスに対しては、年中無休の24時間巡回サービスや駅舎夜間簡易ベッド、宿泊施設の提供等の緊急援助策が用意されるようになった。そのためか、わが国にみられるようないわゆる長期野宿者の姿はほとんどみられないが、こうした緊急援助策を除けば、ホームレスだけを対象とした特別法はなく、福祉、雇用、住宅、医療などの一般施策が活用されて、その支援の展開が図られている。具体的には、先ほどの最低生活費扶助制度の支給や地方自治体・公営企業などにおける臨時雇用、家賃延滞世帯への補助や、自己負担免除の疾病保険への加入などがあり、それらの施策がソーシャル・インクルージョンを指向した形で総合的に展開されている。

　地方自治体における臨時雇用には、失業対策の一つとして「連帯契約」という短期雇用制度がある。それは失業中の若者を中学・高校のティーチング・アシスタントとして採用し、彼らに就労機会を与えるという制度である。そのティーチング・アシスタントへの主な期待は、学業上の挫折を経験している若者（多くの場合は移民出身の若者）と教員との両者を仲介し、対話の促進を図るということであり、通常、その役割は、学業上の挫折を経験している若者と同じ言語を使用する移民出身の若者によって担われている。この制度は、いわば「エスニックを介して」の、あるいは「エスニックな仲介者を介して」のソーシャル・インクルージョンへ向けての動きといえ、学業上の挫折を経

験している若者の教育領域における統合化への試みであるとともに、失業中の若者の社会への統合化への試みでもあるといえよう。

　また同じように、移民女性たちが独自に発展させてきた組織を介して、あるいはその組織を活用したインクルージョンへ向けての制度もみられる。それはフランス語を話せない移民が医療機関や公的機関を利用する際に、通訳等の利用支援ができる付き添いを派遣するという制度である。行政や医療機関がその組織を積極的に活用し、フランス語を話せない移民たちの行政や医療機関へのアクセスを保障しようとする動きである。これも「エスニックを介して」の、あるいは「エスニックが独自に発展させてきた仲介組織を介して」の社会的排除の解消、社会的包摂・統合化へ向けての動きの一つであるといえよう（NIRA・シチズンシップ研究会 2001：218-220）。

　こうしたインクルージョンへ向けての動きが展開する中、1998 年には「反社会的排除基本法」が制定され、ソーシャル・インクルージョンのより一層の推進を図る姿勢が明確にされた。インクルージョンを進めるための省庁横断的な全体的な施策の展開に関しては、その責任を担う部局が設置され、その部局自体が目標設定を行うとともに、目標未達成の場合にはその部局が責任を負うというシステム作りや、ソーシャルワーカーの援助においても、単に福祉領域における援助にとどまらず、雇用政策や住宅政策とも結びついた総合的・包括的な援助の展開が可能となった。ソーシャル・インクルージョンに向け、「宿泊施設からノーマルな住居への入居」や「補助雇用から一般雇用の確保」が合わせて目指されることとなったのである。

## 2　わが国におけるソーシャル・インクルージョンの展開

　わが国の社会福祉制度は、社会福祉の一般化・普遍化、利用制度化を目指した社会福祉基礎構造改革の流れを受け、2000 年には「社会福祉事業法等の一部を改正する法律」が成立し、従来の社会福祉事業法が社会福祉法に改称されて、社会福祉制度の基盤が、救済的な措置制度から利用者の選択を尊重する利用制度へとその転換が図られることとなった。

　こうした動きの中で、わが国において、ソーシャル・インクルージョンの理念を初めて明確に盛り込んだ「社会的な援護を要する人々に対する社会福

祉のあり方に関する検討会」報告書が 2000 年 12 月に提出された。この報告書においては、社会福祉サービスが「人間による人間のためのサービス」であるという社会福祉の原点に立ち戻って、社会的連帯を重視し、地域社会において「つながり」の再構築を求めていくことが今日の社会福祉の重要な役割となってきているという認識が示された。そしてその認識を前提に、従来の社会福祉の在り方の見直し、ならびに新たな社会福祉の在り方に関しての提言が行われている。この新たな社会福祉の在り方に関しては、フランスやイギリスですでに政策目標として掲げられているソーシャル・インクルージョンと、この報告書の中で示されている「つながり」の再構築に向けての歩みとが合致するものであることが語られ、ソーシャル・インクルージョンを社会福祉の新たな在り方として指向する旨が表明されている。そして新たな社会福祉の対象となる問題群を以下のように整理している。

　従来の社会福祉は主たる対象を「貧困」としてきたが、現代においては、
・「心身の障害・不安」（社会的ストレス問題、アルコール依存症等）
・「社会的排除や摩擦」（路上死、中国残留孤児、外国人の排除や摩擦等）
・「社会的孤立や孤独」（孤独死、自殺、家庭内の虐待・暴力等）
といった 3 つの問題群も社会福祉が対象とすべき大きな問題として存在するようになってきた、としている。そしてそれらが重複・複合化して存在しているのが今日的な実態であり、こうした今日的な実態とそれらの問題群を見て取れるような新たな座標軸を提示している（図 11-1）。

　これらの問題に対応するためには、(1)新たな「公」の創造、(2)問題の発見・把握それ自体の重視、(3)問題把握から解決までの連携と総合的アプローチ、(4)基本的人権に基づいたセーフティネットの確立等が必要である旨が語られ、今日的な「つながり」の再構築を図って、すべての人々を孤独と孤立、排除と摩擦から援護し、健康で文化的な生活の実現につなげうるようなソーシャル・インクルージョンを指向した社会福祉の在り方を模索するとしている。

　またこの提言の具現化を方向づけるものとして「市町村地域福祉計画及び都道府県地域福祉支援計画策定指針の在り方について（一人ひとりの地域住民への訴え）」（社会保障審議会福祉部会）という報告書が 2002 年 1 月に提出された。

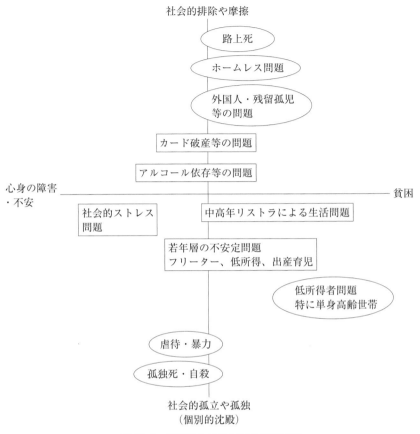

**図 11-1　現代社会の社会福祉の諸問題**

出所）夏刈康男・石井秀夫・宮本和彦編著『不確実な家族と現代』八千代出版、2006 年、
　　　p.195

　この中でも、地域福祉推進の理念としてソーシャル・インクルージョンの重
要性が語られている。

　「地域福祉においては、差異や多様性を認め合う地域住民相互の連帯、心
のつながりとそのために必要なシステムが不可欠であり、例えば、貧困や失
業に陥った人々、障害を有する人々、ホームレスの状態にある人々等を社会
的に排除するのではなく、地域社会への参加と参画を促し社会に統合する『共
に生きる社会づくり（ソーシャル・インクルージョン）』という視点が重要である」

こと、そして「様々な権利侵害に対して、全体として権利を擁護していく地域住民の活動とシステムが不可欠である」こと等が述べられている。そしてそうした理念を実現しうるような市町村地域福祉計画や都道府県地域福祉支援計画の策定を方向づけ、社会的排除や孤立状態に置かれている人々を包摂・再統合化するような地域福祉の展開と、こうした動きを支えうるような新たな地域社会の構築が目指されるようになってきたのである。

## 第4節　シチズンシップの概念と共生社会の構築

　共生社会の構築に向けては、ソーシャル・インクルージョンを指向した新たな社会福祉制度の再構築化が必要とされるが、それとともにその基盤構築の前提としては、シチズンシップ（citizenship）の概念の検討も必要不可欠である。

　シチズンシップの概念は、通常は「市民権」、「公民権」と訳されるが、ヨーロッパ諸国においては EU の統合をはじめとする新たな社会の枠組みの検討過程の中で、様々な領域においてたびたび登場するようになってきた。統合の中での移民問題、男女の機会均等化の中での女性問題、要介護高齢者の権利と自由の問題[3] 等々、移民、女性、障害者、高齢者、若者等々の「多様な社会的差異」を持つ社会構成員の公正と平等に関する議論の中で、シチズンシップの概念がしばしば重要なキー概念となって登場してきたのである。つまり社会において保障される社会構成員（個人）の権利と責務とは何か、そしてそれはいかに保障されるべきかという議論である（岩上 2003：157-176）。

　市民権に関する福祉領域の活動としては、1970 年代のアメリカにおける障害者のノーマライゼーション運動が有名であるが、その運動の展開過程の中で、1973 年に「リハビリテーション法」が成立した。これは 1964 年の公民権法に範をとって、人権の保護を障害者にまで拡張しようとした動きであるが、特に重要とされるのは第 504 項で、それはアメリカ政府が全体的あるいは部分的に資金を提供して成立する施設や事業は、必ず障害者にとって参加・使用が可能でなければならないとする規定である。これによって、政府諸機関、連邦裁判所や郵便局、全国の学校や図書館、多くのレクリエーショ

ン施設や病院や社会事業、公共交通機関や私立大学等も障害者にとって参加、使用が可能なものでなければならないことになった。この法律は、障害者の市民権運動にとって大きな武器となり、障害者の社会参加に多大なる貢献をなしたが、それとともにこうした障害者の市民権運動自体が広い意味での障害者の連帯を促進し、障害者自身にとってのリハビリテーションになったともいわれている。

　シチズンシップ（市民権・公民権）の概念は、これまでは参政権に代表されるように、国家や公との関係（公的領域との関係）の中で取り上げられることが一般的であったが、障害者のノーマライゼーション運動にみられるように、障害者も他の市民と等しく一人の市民であって、障害を持てる者も持たざる者も平等に社会生活を営みうる権利を有しているといった、社会参加に関わる市民権（社会参加権）という側面が強調されるようになってきた。そして障害者問題のみならず、EU の統合の中での移民問題、男女の機会均等化の中での女性問題、要介護高齢者における権利と自由の問題においても、一人の人間としての尊厳や価値や人権とともに社会参加権が強調されるようになってきたのである。しかもそれは公的領域のみならず、従来私的領域とされてきた雇用や労働、住宅や家庭、子育てや介護を含めた社会生活上の様々な領域にまで拡張され、そこにおいて展開されている諸活動に参加する権利と責務といった「社会参加」を中心に据えたシチズンシップが語られるようになってきたのである。こうした概念の拡大には、「従来私的領域とされてきた領域における不平等関係を解消することなしに、公的領域における平等は実現されることはありえない」という考え方が深く関わっている。

　「社会参加」を中心に据えたシチズンシップの概念とソーシャル・インクルージョンの理念とが結びつけば、「社会から排除されている人々をいかに社会に包摂するか」というソーシャル・インクルージョンへ向けての動きは、あらゆる社会領域において社会的に排除され、その社会参加権（社会権）を剥奪、限定化されている人々を、再度あらゆる社会領域へと参入・参画させ、その社会参加権の回復、拡大を図っていく試みであると読み替えることができるだろう。

人間は、障害、貧困、ジェンダー、エスニシティ、年齢、セクシャリティ等の多様な「差異」や「異質性」を抱え、一人ひとり異なってはいても、個人としての尊厳や生きる価値等においてはみな平等であるがゆえに、一人の市民として、一人の地域住民として、あらゆる領域の諸活動に参加する権利と機会が確保され、保障される必要がある。男女の機会均等化の議論においても、その実現に向けては、家庭的責任を有する男女の労働ということを前提にしつつ、男性も女性も等しく労働領域で働く権利と家庭において子育て等を行う権利を所持しているのであって、その両方の権利が担保されるとともに、その両方の領域への相互参入がともに実現される必要があるのだと語れよう。育児・介護休業制度や仕事と家庭の両立支援、ワークシェアリング等の諸制度も、こうした社会参加を中心に据えたシチズンシップの議論の中から構築されてきたシステムである。だがこうしたことは単に生活課題を抱える当事者のみが、権利の主体としてその権利の回復や実現を求めるだけでは十分でなく、他の市民もそれを当然のこととして支持するとともに、「一緒になって、それを実現しようとすることが当然であり、その社会に生きる他の誰にとってもそれが望ましいことなのだ」という共通の価値観を共有化する必要がある。つまり、生活課題を抱えた当事者のみならず、個々の市民との「つながり」の形成やその関係の再構築の中で、市民間の相互連帯を形成するとともに、個々の市民の主体的な社会参加が求められてもいるのである。

　現代社会においては、ソーシャル・インクルージョンの理念と実践を積極的に推し進め、「異質な人々との共存・共生」を実現していくという課題がきわめて重要となっている。そして共生社会の実現に向けては、「社会参加」を中心に据えたシチズンシップに関する議論を前提としつつ、ソーシャル・インクルージョンを積極的に展開しうるような社会制度の創設と、異質性を備えた個々人の社会権の拡大化の中で、異質で・多様な社会構成員の相互交流と相互理解を図りつつ、ともに生きる力を育みうるような関係性を構築していくことが必要とされているのである。

## ■注

(1) 庄司 (1999) によれば、共生というシンボルは、共存 (co-existence)、共有 (sharing)、共生 (symbiosis)、共感 (sympathy) という 4 つのヴァージョンに区分されるとしている。

(2) 公的扶助や職業訓練、就労機会の提供等を総合的に実施することを通じて、社会的に排除されている人の市民権の回復と社会参入を目的として制定された法律。フランスの社会福祉改革の主柱。

(3) フランス老年学財団「高齢者の権利と自由に関する委員会」が 1987 年に「要介護高齢者の権利と自由に関する憲章」を策定する。

## ■引用・参考文献

足立叡・佐藤俊一・宮本和彦編著 1999 年『新・社会福祉学』中央法規出版 pp.7-8, p.17

天野正子・須賀由紀子・新村保子・松田義幸 2003 年『愛したくなる「家族と暮らし」』PHP 研究所

安積純子・岡原正幸・尾中文哉・立岩真也 1997 年『生の技法』藤原書店

長谷川良信 1973 年「社会事業とはなんぞや」『長谷川良信選集 (上)』大乗淑徳学園出版部

石川准・長瀬修編著 1999 年『障害学への招待』明石書店

糸賀一雄 1968 年『福祉の思想』NHK ブックス p.175, p.177

伊藤克彦・川田誉音・水野信義編著 2000 年『心の障害と精神保健福祉』ミネルヴァ書房

岩上真珠 2003 年『ライフコースとジェンダーで読む家族』有斐閣コンパクト

京極高宣 2001 年『この子らを世の光に』日本放送出版協会

マーフィー, R. F. 辻信一訳 1992 年『ボディ・サイレント』新宿書房 p.89, pp.294-295

仲村優一・一番ヶ瀬康子・阿部志郎編 2003 年『世界の社会福祉年鑑 2003』旬報社

NIRA・シチズンシップ研究会編 2001 年『多文化社会の選択』日本経済評論社

野々山久也編著 1996 年『家族福祉の視点』ミネルヴァ書房

小田兼三・竹内孝仁編著 1997 年『医療福祉学の理論』中央法規出版

OECD 編著 2004 年『図表でみる世界の障害者政策』明石出版

生活福祉研究機構編 1994 年『フランスの高齢者介護サービス・コーディネーション』中央法規出版

庄司興吉編著 1999 年『共生社会の文化戦略』梓出版社

田中英樹 2001 年『精神障害者の地域生活支援』中央法規出版

# 索　　引